Der Schmetterlingsgarten

Auf den Blüten des Sommerflieders (*Buddleja*)
finden sich viele Schmetterlinge ein: Tagpfauenauge (1),
Großer Kohlweißling (2, Weibchen), Admiral (3) und
Kleiner Fuchs (4).

Schmetterlinge

Sicher bestimmen
mit Foto und
Zeichnung

INHALT

SCHMETTERLINGE

KURZINFORMATIONEN IM BESTIMMUNGSTEIL

Spannweite bei ausgebreiteten Flügeln (Angaben in mm)
Flugzeit der Schmetterlinge im Jahr, also der Zeitraum, indem der Falter zu beobachten ist (Angabe in Monaten)

Roland Gerstmeier

Schmetterlinge

KOSMOS

Schmetterlinge zu bestimmen ist nicht ganz einfach, da es sich doch um sehr bewegliche Tiere handelt. Die meisten Merkmale kann man nur aus der Nähe richtig erkennen. Wer Schmetterlinge beobachten, bestimmen und vielleicht sogar fotografieren will,

Baumweißlinge versammeln sich in den Abendstunden zu „Schlafgesellschaften".

sollte die frühen Vormittagsstunden nützen. Dann sind die Falter noch nicht von der Sonne aufgeheizt, fliegen eher träge umher und verweilen oft längere Zeit an ihrem Standort. In diesem Fall kann man nahe herankommen und sich die wichtigsten Merkmale einprägen:

▶ Wie groß ist der Schmetterling?
▶ Welche Körper- und Flügelform hat er?
▶ Wie sind die Fühler gebaut?

▶ Wie ist er gefärbt?
▶ Wie sehen die Zeichnungsmuster auf seinen Flügeln aus?

In der vorderen Klappe des Buches sind die Umrisse verschiedener Schmetterlingsfamilien gezeichnet. Man sucht nach dem passenden Körperumriß (Form der Vorder- und Hinterflügel) und vergleicht auf den entsprechenden Seiten Bilder und Texte mit dem zu bestimmenden Falter (dabei erleichtert der Farbcode das Finden). Stimmen Größe, Färbung und Zeichnung? Wurde der Schmetterling auch in dem angegebenen Lebensraum gefunden?

▶ **Infoleiste**

In der seitlichen Infoleiste stehen zuerst Angaben zur **Spannweite** der Flügel und zu der **Flugzeit**, die angibt, in welchen Monaten der Falter fliegt und zu beobachten ist.

Unter **Merkmale** werden die wichtigsten Bestimmungskennzeichen angegeben, manchmal wird das unterschiedliche Aussehen von Männchen und Weibchen beschrieben.

Unter dem Stichwort **Vorkommen** findet man, in welchem Lebensraum der betreffende Schmetterling gefunden werden kann.

Die **Verbreitung** listet auf, in welchen Regionen Europas bzw. anderen Erdteilen der Schmetterling vorkommt.

Am Rand, in der **Farbleiste**, findet man schließlich die Familienzugehörigkeit.

▶ **Haupttext**

Im Kopf der Haupttexte zu den einzelnen Schmetterlingsarten stehen der deutsche Namen und darunter der wissenschaftliche (lateinische) Name. Wissenschaftliche Namen ändern sich manchmal und sind nicht in allen Büchern übereinstimmend. In den einzelnen Texten erfährt man etwas über die Lebensweise und Biologie, über das Verhalten und die aktuelle Gefährdung der Falter und ihrer Raupen.

▶ **Europatafeln**

Im Anschluß an diesen Bestimmungsteil werden Falter im Überblick gezeigt, die in sechs großen europäischen Urlaubsre-

gionen beobachtet werden können (Seite 206 – 217): Italien, Frankreich mit der Insel Korsika, Spanien und Portugal, Nordafrika, Griechenland und die Türkei. Diese Seiten sollen dazu anregen, sich weiter mit der europäischen Schmetterlingswelt zu beschäftigen.

WAS IST EIN SCHMETTERLING?

Schmetterlinge heißen wissenschaftlich „Lepidoptera", das bedeutet Schuppenflügler und weist auf die mit unzähligen Schuppen besetzten Flügel hin. Schmetterlinge gehören zu den Insekten. Sie erkennt man leicht an den drei Beinpaaren und den in Kopf, Brust und Hinterleib gegliederten Körper.

Je nach Einfallswinkel des Lichtes leuchten die Schillerfarben des Kleinen Schillerfalters oder bleiben stumpf.

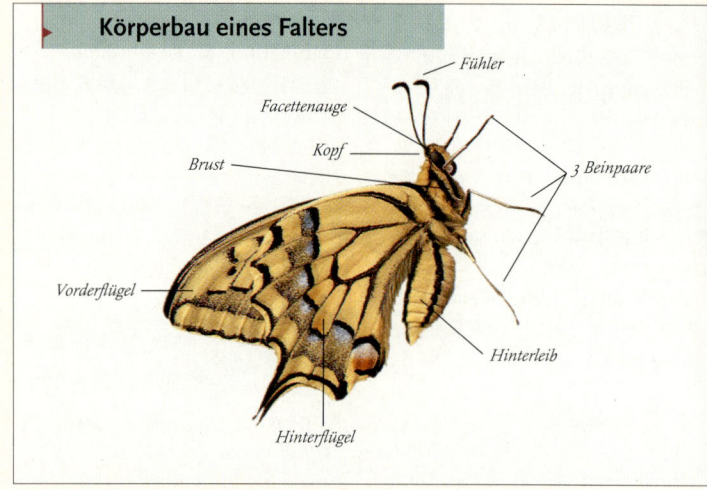

Körperbau eines Falters

Fühler

Facettenauge

Kopf

Brust

3 Beinpaare

Vorderflügel

Hinterleib

Hinterflügel

Der Körper eines Schmetterlings besteht aus drei Abschnitten: Kopf, Brust und Hinterleib.

▶ **Der Kopf**
Er trägt die großen **Facetten-** oder **Komplexaugen**, mit denen der Falter Konturen und Bewegungen wahrnehmen und Farben unterscheiden kann. Richtig scharf sehen können Schmetterlinge allerdings nicht.
Die **Fühler** oder **Antennen** sind unterschiedlich ausgebildet und stellen oft ein wichtiges Merkmal zur Bestimmung der Schmetterlingsfamilie dar. Sie tragen

Die stark gefiederten Fühler des Schwamm-spinner-Männchens sind mit zahlreichen Sinnes-organen besetzt.

eine Vielzahl von Sinnesorganen, die vor allem dem Geruchs- und Tastsinn dienen. Außerdem spielen sie eine wichtige Rolle bei der Partner- und Nahrungssuche. Fast alle Schmetterlinge haben einen **Saugrüssel**, mit dessen Hilfe sie Blütennektar und Fruchtsäfte aufsaugen. In Ruhestellung wird der Rüssel unter dem Kopf spiralig eingerollt und nur zum Saugen ausgestreckt.

▶ Die Brust

Zu den auffallendsten Körperteilen der Schmetterlinge gehören die **Flügel**. Abgesehen von wenigen Ausnahmen stummelflügeliger Weibchen sind die zwei Vorder- und zwei Hinterflügel stets flächig ausgebildet und mit zahllosen, dachziegelartig angeordneten **Schuppen** bedeckt. Sie sind für die typische Färbung und Zeichnung jeder Schmetterlingsart verantwortlich.

Warum aber sind die meisten Schmetterlinge so auffällig? In erster Linie dienen Zeichnung und Färbung der Flügeloberseite als Signal bei der Partnersuche. Aber auch als **Schrecktracht** gegenüber angreifenden Vögeln, Reptilien oder kleinen Säugetieren werden z.B. Augenflecke vom Tag- und Abendpfauenauge wirkungsvoll zur Abschreckung eingesetzt . Dagegen ist oft die Färbung und Zeichnung der Flügel-

---

▶ Nahrung der Falter

Die meisten Falter können mit ihrem Rüssel Flüssigkeiten , vor allem Blütennektar, aufsaugen. So gehören die Schmetterlinge neben den Bienen und Hummeln zu den wichtigsten Blütenbestäubern.
Aber auch süße Säfte von gärendem Obst werden z.B. von Admiral, Großer Fuchs und Ordensbändern aufgesaugt. Manche Edelfal-

Der Admiral saugt am Wasserdost.

ter saugen aus Wunden austretende Baumsäfte auf und Weißlinge und Bläulinge das Wasser von Pfützen oder feuchten Stellen. Nur wenige Arten, wie z.B. die Zimteule, können Früchte vom Schwarzen Holunder anstechen und

Der Violette Waldbläuling saugt an einer feuchten Bodenstelle.

den Saft gewinnen. Einige Arten, unter anderem Eisvögel und Schillerfalter, saugen gern an Schweiß, Aas, Exkrementen oder fauligen Pflanzenresten. Diese Flüssigkeiten dienen nicht nur als Wasser und Nahrungsquelle, sondern liefern den Schmetterlingen auch wichtige Mineralstoffe (vor allem Natrium), die sie für ihren Stoffwechsel benötigen.

unterseite der Umgebung angepaßt. Diese **Tarntracht** schützt den ruhenden Falter vor Feinden. Oder eine besonders auffällige, leuchtende Färbung signalisiert als **Warntracht** Ungenießbarkeit oder gar Giftigkeit.

Hauhechelbläuling bei der Paarung

▸ Der Hinterleib

Der Hinterleib trägt die Fortpflanzungs- und Begattungsorgane. Anhand dieser kann der Spezialist auch die besonders schwer unterscheidbaren Arten auseinanderhalten.

Partnersuche und Eiablage

Die Hauptaufgabe der Falter besteht in der Fortpflanzung. Grundvoraussetzung dafür ist, daß sich Männchen und Weibchen auch finden. Dies ist bei einigen – oft kilometerweit getrennten Individuen – gar nicht so einfach. Abgesehen von der optischen Orientierung bei der Partnersuche, finden die Männchen die Weibchen anhand weiblicher Duftstoffe. Diese **Pheromone** (Sexuallockstoffe), die der Wind in die Umgebung verteilt, werden vom Männchen

selbst über größere Entfernungen mit Hilfe der Fühler wahrgenommen.

Das Weibchen legt die Eier an der Futterpflanze der Raupen ab oder klebt sie an die Blattunterseite. Falterarten, deren Raupen an Gräser leben, streuen ihre Eier im Flug aus und lassen sie zu Boden fallen.

Das Landkärtchen legt seine Eier in Form typischer „Eitürmchen" an die Blattunterseite von Brennesseln.

Als Entwicklungszyklus wird die Entwicklung von Falter zu Falter bezeichnet (Falter – Ei – Raupe – Puppe – Falter). Dies ist eine Generation, wie sie die meisten Arten innerhalb eines Jahres ausbilden. Manche Arten haben zwei Generationen in einem Jahr, manche können ihre Generation nicht innerhalb eines Jahres abschließen und benötigen dazu zwei oder mehrere Jahre.

Bei Arten, die zwei Generationen im Jahr ausbilden, können die Frühjahrs- und die Sommergeneration ganz unterschiedlich aussehen. Das nennt man **Saisondimorphismus**, und ein bekanntes Beispiel dafür ist das Landkärtchen. Der Saisonfarbwechsel wird durch die unterschiedlich lange Dauer der Lichteinwirkung (Tageslänge) bei der Raupenentwicklung bewirkt.

▶ **Das Ei**

Nicht nur die Anzahl der Eier eines Geleges, sondern auch Form, Größe und Färbung sind von Art zu Art sehr verschieden.

▶ **Die Raupe**

Die junge Raupe beißt die Eischale auf und schlüpft ins Freie. Da sie ausschließlich zum Fressen und Wachsen da ist, um die nötigen Baustoffe für den, sich später aus ihr entwickelnden Falter zu sammeln, besitzt sie zwei kräftige Kiefer. Mit ihnen nagt sie verschiedenste Teile der Futterpflanze ab.

Die schützende Haut der freßlustigen Raupe ist zwar dehnbar, wächst aber nicht mit, so daß sie dem rasch wachsenden Tier innerhalb kurzer Zeit zu eng wird – die Raupe platzt buchstäblich aus den Nähten. Sobald sich unter dem Schutz der alten Haut eine neue gebildet hat, platzt die alte auf und wird abgestreift (Häutung). In der Regel wiederholt sich dieser Vorgang vier- bis fünfmal in einem Raupenleben.

Die beiden Generationen des Landkärtchens unterscheiden sich deutlich in ihrem Aussehen; hier die gelbbraune Frühjahrsform.

Die Sommerform ist oberseits von schwarzbrauner Grundfärbung.

Die Entwicklung: Metamorphose

Unter Metamorphose versteht man in der Zoologie ganz allgemein die Entwicklung eines Tieres über ein oder mehrere Larvenstadien. Die aus dem Ei schlüpfende Larve wird bei den Schmetterlingen Raupe genannt. Sie nimmt an Länge und Umfang zu, was mit mehreren Häutungen verbunden ist. Bei der letzten Häutung verwandelt sich die Raupe zur Puppe. Während der Puppenruhe erfolgt im Inneren die Umwandlung zum Schmetterling. Ist dieser Umbau fertig, platzt die Puppenhülle auf, und der Falter kriecht in die Freiheit.

Beobachtungstip:
Wer die Verwandlung von der Raupe bis zum Falter beobachten will, sucht z.B. an Brennesseln nach Raupen des Kleinen Fuchses oder Tagpfauenauges. Mit den Futterpflanzen bringt man die Tiere in ein Zuchtgefäß (z.B. Marmeladenglas), dessen Öffnung mit luftdurchlässiger Gaze verschlossen wird. Wichtig ist, daß die Raupen immer frisches Futter bekommen.

Färbung und Zeichnung der oft bunten Raupen dienen der Tarnung und Verteidigung. Die meisten Raupen sind nach wenigen Wochen Freßzeit erwachsen, einige überwintern und fressen im Frühjahr weiter.

Die Puppe

Hat die Raupe ihre endgültige Größe erreicht, sucht sie sich einen geeigneten Platz zum Verpuppen aus. Während sich viele Raupen der Tagfalter frei auf dem Boden liegend verpuppen, spin-

Die Entwicklung

Das Ei ist das erste Entwicklungsstadium im Leben eines Schmetterlings.

Die Aufgabe der Raupe ist Fressen und Wachsen.

In der Puppe entwickelt sich der Falter.

nen sich gesellig lebende Raupen gemeinsam ein Nest, ein Raupengespinst. In der nun folgenden Ruhezeit, Puppenruhe genannt, wird in der Puppe der fertige Falter umgebaut.

▶ Der Falter

Der eben geschlüpfte Schmetterling hängt noch mit krumpelig zusammengefalteten Flügeln an der leeren Puppenhülle. Die Flügel beginnen an der Luft zu trocknen und zu erhärten, und der Falter pumpt Blutflüssigkeit und Luft in sie. Sind die Flügel voll ausgespannt, fliegt der Falter davon.

Als Fluginsekten sind Schmetterlinge ausgesprochene Landbewohner. Nur wenige Arten wie der Wasserzünsler, deren Raupen im Wasser leben, stellen hier eine Ausnahme dar. Schmetterlinge haben fast alle Lebensräume besiedelt, ausgenommen sind Arktis und Antarktis sowie ausgedehnte Sandwüsten. Aber schon in kleinen Oasen oder Gebirgsstöcken mit geringem Wasservorkommen und Pflanzenwuchs können Schmetterlinge überleben.

▶ Balzflug

Arten, die an einem bestimmten Ort in großer Anzahl auftreten – also hohe Populationsdichten aufweisen – tun sich beim Auffinden des Geschlechtspartners leicht. Schwieriger ist die Partnerfindung bei Arten mit niedrigen Populationsdichten. Diese Falter „behelfen" sich durch sogenannte „Rendevousplätze", wo sich die Tiere zum Balzflug einfinden. Dies können Bergkuppen oder Burgruinen sein, die aus der umgebenden Landschaft markant her-

Der Falter schlüpft aus der Puppe, seine Flügel sind noch zusammengefaltet.

Erst nach dem Hineinpumpen von Blutflüssigkeit und Luft entfalten sich die Flügel.

Paläarktis

Das Festland ist in bestimmte tiergeographische Regionen eingeteilt. Die uns hier betreffende paläarktische Region oder Paläarktis erstreckt sich von den Kanarischen Inseln über Nordafrika und ganz Europa nach Ostasien bis Japan.

Kulturfolger

Nur sehr wenige Arten, z.B. Kleiner Kohlweißling und Kleiner Fuchs, sind zu Bewohnern von Städten und Dörfern geworden. Aufgrund ihrer meist guten Flugeigenschaften sind sie in der Lage, neu entstandene, für sie günstige Biotope sehr schnell zu besiedeln.

Überwinterung

Ein Falter lebt meist nur ein paar Tage oder wenige Wochen. Dann sind seine Flügel verschlissen,

ausragen. Dann spricht man von Gipfelbalz oder „hilltopping", z.B. beim Schwalbenschwanz oder Segelfalter. Bäume, die das Wipfeldach des Waldes überragen, werden z.B. vom Schillerfalter oder Großen Eisvogel zur Partnersuche aufgesucht.

Alpen

In den Gebirgen herrschen besondere Lebensbedingungen durch die zunehmende Höhe. Die Sommer werden kürzer, die Winter länger. Hier können nur speziell angepaßte Falterarten leben. Man nennt sie montane Arten. Sie besiedeln das Bergland. Im Süden Deutschlands reicht dieses bis etwa 1.100 m. In den Alpen hält der Dunkle Flechtenbär (ein Bärenspinner) den Höhenrekord von 3.500 m Höhe, andere Falter wie der Eismohrenfalter kommen regelmäßig in 3.000 – 3.400 m Höhe vor.

Ubiquisten

Unter den Schmetterlingen gibt es Arten, die sich außerordentlich gut an verschiedenste Umweltbedingungen anpassen können, die Ubiquisten. Andere brauchen ganz bestimmte Landschaftsareale und z.B. Futterpflanzen für die Raupen zum Überleben.

Das Männchen des Kaisermantels umfliegt bei der Balz das Weibchen.

und die Lebenskraft ist verbraucht. Daher überstehen nur wenige einheimische Falter den Winter als Falter wie das Tagpfauenauge oder der Kleine Fuchs. In der Regeln überwintern die Eier, Raupen oder Puppen.

FEINDE

Viele Schmetterlinge fallen ihren natürlichen Feinden zum Opfer. Dies sind in erster Linie Vögel: Meisen picken die Eier von

Die erwachsenen Larven der parasitischen Brackwespe *Apanteles glomeratus* verpuppen sich außerhalb der Raupe des Großen Kohlweißlings.

Baumstämmen. Raupen und Puppen stehen nicht nur bei vielen Vogelarten auf dem Speisezettel, sondern auch bei Spitzmäusen, Maulwürfen, Kröten und Waldameisen. Nachts jagen Fledermäuse nach nachtaktiven Faltern. Auch unter den Insekten gibt es Feinde wie bestimmte

▶ Wanderfalter

Jährlich ziehen zahlreiche Wanderfalter aus Südeuropa und Nordafrika in unser Gebiet. U.a. sind dies Admiral, Postillon, Windenschwärmer und Gammaeule. So legt der Distelfalter bei seiner Wanderung von Nordafrika bis nach England und Nordeuropa immerhin bis über 3.500 km zurück. Täglich fliegt er 20 – 35 km. Berühmt ist die Massenwanderung des nord-

Der wandernde Distelfalter ist mit Ausnahme Südamerikas über die ganze Welt verbreitet.

amerikanischen Monarchfalters, der am Tag bis zu 130 km auf seiner Herbstwanderung nach Süden (Mexiko) bewältigt.

Fliegen und Schlupfwespen, die ihre Eier auf oder in die Raupen ablegen. Sie verhindern eine zu starke Vermehrung der Falter.

Schwalbenschwanz
Papilio machaon

- 50–80 mm Spannweite
- April/Mai und Juli/August in zwei Generationen

- **Merkmale**
  an den Hinterflügeln mit kurzen Schwänzchen und einem roten Augenfleck

- **Vorkommen**
  in offenem Gelände; gerne in Gärten an Buddleja und Mohrrüben; im Gebirge bis über 2.000 m

- **Verbreitung**
  von Nordafrika über ganz Europa bis ans Nordkap; in England nur noch an wenigen Stellen

Die wandernden und meist einzeln vagabundierenden Falter versammeln sich zum Balzflug gerne an markanten Geländepunkten, wie z. B. Berg- und Hügelkuppen oder Burgruinen, was als „hilltopping" bezeichnet wird. Auf diese Weise können sich Männchen und Weibchen leichter finden. Die grünliche Raupe ist in der Auswahl ihrer Futterpflanzen nicht sehr wählerisch, solange es Doldengewächse wie Wilde Möhre, Fenchel und Dill sind, die an besonnten Standorten wachsen. Bei Bedrohung wird durch Blutdruck die stark riechende Nackengabel ausgestülpt. Diese Nackengabel der Raupe ist mit Drüsenzellen besetzt, welche ein Sekret aus Buttersäuren abscheiden.

Raupe

Segelfalter
Iphiclides podalirius

Er sucht wie der Schwalbenschwanz erhöhte Landschaftspunkte zum „hilltopping" auf. In den Ruhepausen sitzt er auf Büschen und Bäumen. Die dicke, grüne Raupe bevorzugt Schlehe, geht aber auch an Felsenkirsche, Felsenbirne und Weißdorn. Die Verpuppung findet als Gürtelpuppe an einem Zweig der Futterpflanze statt.

Raupe

Die überwinternde Puppe ist im Gegensatz zur grünen Puppe der Sommergeneration braun. Der Segelfalter ist durch Verschwinden der Schlehenhecken, durch Flurbereinigung und Insektizidbehandlung in den Weinbergen stark gefährdet. Ein weiterer Rückgang der Art muß befürchtet werden.

▶ 50 – 75 mm Spannweite
▶ Mai bis Juli in einer Generation (im Süden auch zwei Generationen)

▶ **Merkmale**
Vorderflügel mit sechs schwarzen Querbinden; Hinterflügel mit zwei schwarzen Binden, Innenrand mit blauen Flecken; Schwänze länger als beim Schwalbenschwanz

▶ **Vorkommen**
in trockenem und warmem Gelände, besonders an steilen Sonnenhängen mit Schlehenbewuchs; lokal und selten!

▶ **Verbreitung**
in Nordafrika, Süd- und Mitteleuropa

- 65–80 mm Spannweite
- Juli und August in einer Generation

- **Merkmale**
  Vorderflügel mit großen schwarzen Flecken, Hinterflügel mit zwei rundlichen, roten Flecken mit weißem Kern

- **Vorkommen**
  Von Tallagen bis 2.400 m. Der natürliche Standort ist die Dolomit-Felsflur mit steilen und sonnigen Hängen; Straßenböschungen oder Abraumhalden von Steinbrüchen werden oft angenommen

- **Verbreitung**
  in fast allen größeren Bergregionen Europas, v. a. in den Alpen verbreitet

Apollo
Parnassius apollo

Der Apollo besucht zum Saugen gerne blauviolette Blüten, wie z.B. Disteln oder Flockenblume. Er ist vor allem durch Aufforstung und Verbuschung stark bedroht. Es ist also die Einschränkung des Lebensraumes, welche den Fortbestand dieser Art gefährdet und nicht die Nachstellungen von Schmetterlingssammlern. Künstliche Biotope wie steile Straßenböschungen werden von den Tieren gerne angenommen, wenn dort die Weiße Fetthenne wächst. Die Raupe frißt nur bei Sonnenschein, wobei die Mittagshitze gemieden wird. Seinen Namen hat der Apollo vom griechischen Gott Apoll.

Raupe

Schwarzer Apollo
Parnassius mnemosyne

Nach der Paarung bildet das Weibchen die für alle Apollofalter typische Begattungstasche aus, welche allerdings deutlich größer ist als beim Apollo. Man vermutet, daß sie der festeren Bindung der Partner dient oder die weitere Begattung des Weibchens verhindern soll. Bei Störung kratzt das Weibchen, auch für das menschliche Ohr hörbar, mit den Hinterbeinen quer über das Geäder der Hinterflügel-Unterseite. Die Raupe frißt an Lerchensporn; sie verläßt ihr Versteck erst am späten Vormittag, um die Fraßpflanzen zu besteigen. Dort hängen sie gerne unter den Fruchtständen und sind deshalb nur schwer zu entdecken.

Raupe

▶ 45–60 mm Spannweite
▶ Mai bis Juli in einer Generation

▶ **Merkmale**
Vorderflügel mit zwei schwarzen Flecken, Hinterflügel mit dunklem Innenrand, ohne rote Flecke

▶ **Vorkommen**
in Waldlichtungen und Waldrändern, offenen felsigen oder grasigen Hängen sowie Schluchten, Geröllrinnen; meist zwischen 1.000 und 1.700 m

▶ **Verbreitung**
nur noch wenige, inselartige Vorkommen von den Pyrenäen über das südliche Mitteleuropa ostwärts

Hochalpenapollo
Parnassius phoebus

Die Art ist nicht nur in ihrem Aussehen, sondern auch in ihrem Verhalten dem Apollo

Raupe

sehr ähnlich. Die Männchen fliegen vormittags oft rastlos an Bächen entlang, um paarungswillige Weibchen zu suchen. Die Raupen leben wohl ausschließlich am Fetthennen-Steinbrech. Bei Sonnenschein sitzen die erwachsenen Raupen auf den Futterpflanzen oder auch gerne auf nassen Moospolstern in deren Umgebung. Die Verpuppung erfolgt im Boden, wobei die braune, gedrungene Puppe in einem lockeren Gespinst liegt. Die Überwinterung erfolgt wie bei allen Apollofaltern als Ei, das vom Weibchen im August gelegt wird.

Großer Kohlweißling
Pieris brassicae

Der Große Kohlweißling ist in manchen Jahren sehr häufig und dann wieder recht selten. Für die Art- und Geschlechtererkennung spielt die, von uns Menschen nicht erkennbare unterschiedliche UV-Reflexion von Flügelfärbung und -zeichnung eine wichtige Rolle. Die blaugrünen Raupen leben gesellig und können bei Massenauftreten ganze Kohlfelder kahlfressen. Natürliche Gegenspieler sind Schlupfwespen (v. a. *Apanteles glomeratus*), die ihre Eier in die Raupen ablegen. Die schlüpfenden Larven fressen dann die Kohlweißlingsraupe auf. Wenn sie ausgewachsen sind, verpuppen sie sich auf der Raupe.

Raupe

▶ 50 – 65 mm Spannweite

▶ April bis Oktober in zwei bis drei Generationen, wobei die dritte Generation nur in klimatisch begünstigten Jahren auftritt

▶ **Merkmale**
deutlich größer als der Kleine Kohlweißling; Vorderflügel des Männchens ohne Flecken, das Weibchen mit zwei schwarzen Flecken

▶ **Vorkommen**
ein im offenen Gelände überall anzutreffender Wanderfalter, dessen Populationsdichten allerdings starken Schwankungen unterliegen

▶ **Verbreitung**
Nordafrika, ganz Europa

- 40–50 mm Spannweite
- März bis Oktober in zwei bis drei Generationen

- **Merkmale**
  Männchen mit einem dunklen Fleck auf der Oberseite der Vorderflügel, Weibchen mit zwei; Unterseite der Hinterflügel kaum bestäubt

- **Vorkommen**
  in offenem Gelände und Gärten überall häufig, von der Meeresküste bis ca. 2.000 m; dem Leben in der Kulturlandschaft ausgesprochen gut angepaßt

- **Verbreitung**
  Nordafrika, ganz Europa, ostwärts bis Japan

Kleiner Kohlweißling
Pieris rapae

Der Kleine Kohlweißling ist ein erfolgreicher Kulturfolger, der besonders zahlreich in den sonnigen Unkrautfluren rund um Ortschaften, aber auch in Grünflächen im Kern unserer Großstädte zu finden ist. Zum Saugen wird gerne der Blutweiderich besucht. Die grüne Raupe frißt an verschiedensten Kreuzblütlern. Meist sind erst die Raupen der Sommergeneration an angebauten Kohlarten zu finden. Sie verkriechen sich im Inneren der Kohlköpfe, so daß man den Fraß gar nicht bemerkt. Wirkliche Schäden treten aber nur bei den gelegentlichen Massenvorkommen im Sommer auf. Die Überwinterung erfolgt als Gürtelpuppen.

Raupe

Rapsweißling
Pieris napi

Wie bei den meisten einheimischen Weißlingen, kommen auch beim Rapsweißling von März bis Oktober drei Generationen vor. Die dritte tritt aber nur in warmen, sonnigen Jahren auf. Optisch unterscheiden sich die Generationen: Die

Männchen der ersten
Generation

Flügel der im Frühling fliegenden Falter wirken eher grau, während bei der Sommergeneration die graue Beschuppung kaum sichtbar ist oder ganz fehlt. Das Weibchen legt die Eier einzeln an die Unterseite der Blätter von verschiedenen Kreuzblütlern ab, daran frißt die grüne Raupe. Es überwintert die Puppe, die in senkrechter Position an einem Pflanzenstengel angesponnen ist. Daraus schlüpft im nächsten Frühjahr der fertige Falter.

▶ 35–45 mm Spannweite
▶ März bis Oktober in zwei bis drei Generationen

▶ **Merkmale**
dem Kleinen Kohlweißling sehr ähnlich, aber durch die kräftig hervortretenden Flügeladern und die breit graugrün bestäubten Adern der Hinterflügel-Unterseite deutlich von diesem unterschieden

▶ **Vorkommen**
in offenem Gelände und Waldwiesen, an buschigen Hängen, im Gebirge bis ca. 2.000 m, weit verbreitet und recht häufig

▶ **Verbreitung**
in Teilen Nordafrikas, ganz Europa, bis nach Asien

- 35 – 48 mm Spannweite
- Ende Mai bis August in ein bis zwei Generationen

Merkmale
Die Männchen der ersten Generation lassen sich kaum vom Rapsweißling unterscheiden. Die Weibchen sind meist kräftig gelbgrau, die Adern sind breit dunkelgrau oder -braun bestäubt.

Vorkommen
feuchte subalpine bis alpine Matten, blütenreiche Bachränder

Verbreitung
in den Alpen, Karpaten und der Hohen Tatra; im Osten in der Türkei, im Kaukasus, Tienschan und Altai

Bergweißling
Pieris bryoniae

Die Männchen der ersten Generation im Frühling sind kaum von denen des Rapsweißlings zu unterscheiden. Im Freiland wurden auch Paarungen zwischen Raps- und Bergweißling beobachtet, die im Laborversuch sogar fruchtbare Nachkommen ergaben. Hybridfalter zwischen den beiden Arten sind gar nicht so selten, was vor allem mit der Wanderaktivität des Rapsweißlings zusammenhängt. Denn der Bergweißling lebt in größeren Höhenlagen der Gebirge, wo eigentlich der Rapsweißling nicht mehr zu finden ist. Weitere Unterschiede zwischen beiden Arten sind die gelbliche Färbung der Weibchen des Bergweißlings und das Brillenschötchen als fast ausschließliche Futterpflanze der Bergweißlingsraupe.

Falter mit geschlossenen Flügeln

Senfweißling
Leptidea sinapis

Der Name Senfweißling ist ausgesprochen irreführend, da die Raupe sich nicht von senfölhaltigen Pflanzen ernährt, sondern vor allem von Wiesenplatterbse, Vogelwicke und Hornklee, aber auch von anderen Schmetterlingsblütlern. Vor der Eiablage untersuchen die Weibchen die Raupenfutterpflanzen sehr genau. Erst wenn sie ihnen behagen,

Raupe

werden die Eier an der Blattunterseite abgelegt. Die hellgrüne Raupe schlüpft nach etwa sieben Tagen und beginnt sofort zu fressen. Die Überwinterung erfolgt, wie bei den meisten Weißlingen, als Gürtelpuppe, die an stabilen, im Gras versteckten Pflanzenstengeln zu finden ist. Dabei erinnert die grünliche Puppe eher an eine Gelblingspuppe.

▶ 30 – 40 mm Spannweite
▶ April bis Oktober in zwei bis drei Generationen

▶ **Merkmale**
schmale Flügelform, Oberseite weiß; die Vorderflügelspitze mit einem grauschwarzen, annähernd rundlichen Fleck, der beim Weibchen heller ist

▶ **Vorkommen**
auf Waldwiesen, an sonnigen Waldrändern und Augehölzen; standorttreu und in diesen Biotopen meist nicht selten

▶ **Verbreitung**
in ganz Europa, mit Ausnahme von Schottland, Nordengland, den Niederlanden und Nordskandinavien

▶ **Merkmale**
Die Flügel sind schuppen-
arm und daher etwas
durchscheinend; die her-
vortretenden Adern und
der Flügelsaum sind dun-
kelbraun oder schwärzlich
beschuppt.

▶ **Vorkommen**
in offenem Gelände, in
Moorgebieten, Auen und
Gärten

▶ **Verbreitung**
Nordafrika, in fast ganz
Europa, mit Ausnahme der
Britischen Inseln und
Nordskandinavien

Baumweißling
Aporia crataegi

Die Falter saugen sehr gerne an
feuchten Bodenstellen, wo manchmal mehrere Hundert Baumweißlinge auf einem Quadratmeter gezählt
werden können. Die schwarzen Raupen
sind fein behaart und leben gesellig in Rau-
pennestern an Ästen und Zweigen von
Weißdorn, Schlehe, Eberesche und Obst-
bäumen. Dort können sie die zur
Verfügung stehenden Futterpflanzen kahlfressen. Die Überwinterung erfolgt als
Jungraupen in einem gemeinsamen
Gespinst. Die früher oft massenweise in
Obstkulturen fliegenden Falter sind heute durch
den Einsatz von Insektiziden vielerorts verschwun-
den. Da Häufigkeit der Falter von Jahr zu Jahr stark
schwankt, ist eine Aussage über eine mögliche Gefährdung sehr schwierig.

Raupe

Alpenweißling
Pontia callidice

Der Alpenweißling kann auf den ersten Blick mit
dem Rapsweißling (s. Seite 21) verwechselt werden.
Allerdings ist die Unterseite der Hinterflügel vom
Alpenweißling viel dunkler und gelber als die vom
Rapsweißling. Dieser
Falter fliegt an offenen,
felsigen Hängen der Al-
pen zwischen Gräsern.
Als Futterpflanzen die-
nen der Raupe verschie-
dene Kreuzblütler, be-
sonders Schotendotter,
Resede und Alpen-
Gemskresse. Die Über-
winterung erfolgt als
Puppe.

Männchen mit ge-
schlossenen Flügeln

▶ 40 – 55 mm Spannweite
▶ Anfang Juni bis Anfang
  August in einer Generation

▶ **Merkmale**
  Männchen nur mit gerin-
  ger dunkler Zeichnung auf
  der Oberseite, Hinterflügel
  ohne schwarze Zeichnung,
  mit länglichem weißem
  Fleck in der Zelle; Weibchen stärker dunkel ge-
  zeichnet

▶ **Vorkommen**
  in der alpinen Zone, auf
  grasigen Hängen, von
  etwa 2.000 – ca. 3.000 m

▶ **Verbreitung**
  in den Pyrenäen, den
  Alpen, der Türkei, ostwärts
  bis in die Mongolei und
  China

25

- 35 – 45 mm Spannweite
- April bis Juni in einer Generation, in den Alpen auch bis Anfang August

- **Merkmale**
  beim Männchen vordere Flügelhälfte orange, Weibchen ohne Orangefärbung; Unterseite der Hinterflügel unregelmäßig gelbgrün

- **Vorkommen**
  in offenem Gelände, Blumenwiesen, Hecken und an Waldrändern, bis ca. 2.000 m; weit verbreitet und meist nicht selten

- **Verbreitung**
  in ganz Europa, mit Ausnahme des hohen Nordens und südlichen Teilen der Iberischen Halbinsel

Aurorafalter
Anthocharis cardamines

Wie wohl alle einheimischen Weißlinge gehört auch der Aurorafalter zu den patroullierenden Arten, d. h. die Männchen fliegen auf alle weißen Objekte zu, die dem Weibchen von der Größe her entsprechen. Die Falter sind eifrige Blütenbesucher. Wenn er ruht, werden die Flügel zusammengeklappt, so daß ihn die marmorierte Unterseite gut tarnt. Die orangeroten Eier werden einzeln an die Blütenstiele oder Blütenknospen der Fraßpflanzen wie Wiesenschaumkraut, Knoblauchsrauke, Ackersenf und andere Kreuzblütler abgelegt. Die schlüpfenden Jungraupen fressen zuerst an den Samenkapseln. Die erwachsene Raupe ist blaugrün mit dunkelgrüner Unterseite. Die Raupe verpuppt sich im Juli an Stengeln oder Zweigen von verschiedenen Pflanzen ihres Lebensraumes, aber meist nicht an der Futterpflanze.

Raupe

Hufeisenklee-Gelbling
Colias alfacariensis

Während die Falter der beiden Zwillingsarten *C. alfacariensis* und *C. hyale* (s. Seite 29) nur schwer zu unterscheiden sind, lassen sich die erwachsenen Raupen sehr leicht voneinander abgrenzen: Die Raupe des Hufeisenklee-Gelblings ist grün mit vier gelben Längsstreifen und hat beiderseits der Rückenlinie zwölf schwarze, rechteckige Flecken. Die Raupe der Goldenen Acht besitzt jederseits nur einen weißlichgelben Längsstreifen und ist höchstens fein schwarz gefleckt. Der Hufeisenklee-Gelbling ist durch Aufforstung und intensive landwirtschaftliche Nutzung von Trockenrasen-Gesellschaften sowie Biozid-Einsatz gefährdet.

Männchen mit geöffneten Flügeln

▶ 35 – 45 mm Spannweite

▶ Mai/Juni und August/September in zwei Generationen, im Süden drei Generationen

▶ **Merkmale**
Grundfarbe beim Männchen schwefelgelb, beim Weibchen grünlichweiß; sichere Abgrenzung zur Goldenen Acht meist nur dem Spezialisten möglich

▶ **Vorkommen**
an trockenen und warmen Offenlandstellen

▶ **Verbreitung**
in Süd- und Mitteleuropa sowie der Türkei; nach Osten unklar aufgrund möglicher Verwechslungen mit der Goldenen Acht

► 35–50 mm Spannweite
► Mai bis in den Spätherbst in zwei, seltener drei Generationen

► **Merkmale**
Oberseite leuchtend orangerot mit breiter dunkler Randbinde, diese beim Weibchen mit gelben Flecken; in der Mitte der Vorderflügel ein schwarzer Fleck; Unterseite gelb

► **Vorkommen**
in offenem Gelände, vom Flachland bis ca. 2.000 m

► **Verbreitung**
ein aus Südeuropa und Nordafrika kommender Wanderfalter, der bis nach Skandinavien fliegt (nördlich der Alpen nicht bodenständig)

Postillon
Colias croceus

Der schnelle Flieger gehört zu den ausgeprägten Patrouillierern, die im Zickzack-Flug nach Weibchen suchen. Wichtige Nektarpflanzen für die Falter sind Luzerne, Roter Wiesenklee und Wiesen-Flockenblumen. Dagegen bevorzugen die Raupen die Futterpflanzen Luzerne, Klee und Kronwicke. Die grüne Raupe mit der weißlichen Seitenlinie frißt in den ersten Lebenswochen auf der Blattoberseite, die ältere Raupe nach der vierten Häutung (also im fünften Stadium) befindet sich am Stengel. Die Raupen können nur in frostfreien Gebieten am Mittelmeer überwintern. Deshalb sind alle nördlich der Alpen vorkommenden Falter aus dem Süden im Laufe der warmen Jahreszeit eingewandert und können dort auch nur während der warmen Monate leben.

Raupe

Goldene Acht
Colias hyale

Als typischer Bewohner offenen Gelän-
des nutzt die Goldene Acht eine Vielzahl recht unterschiedlicher Lebensräume, wobei sie zur Eiablage und zur
Ernährung verschiedene Landschaften
aufsucht. So legt das Weibchen die Eier
gerne an Pflanzen auf frisch gemähten
Feldern und Wiesen ab. Dagegen suchen die Falter das gesamte Kulturland
auf, sofern es ein attraktives Blüten-
angebot mit v. a. Rotem Wiesenklee zum
Nektarsaugen gibt. Vegetationsfreie Stellen werden gerne zum Sonnenbaden aufgesucht. Die Eiablage erfolgt fast ausschließlich an sehr kümmerlichen Weiß-
und Hopfenkleepflanzen, die nicht zur
Blüte gelangen. Möglicherweise herrscht an
diesen Pflanzen ein ganz spezielles Mikroklima, das
für die Entwicklung des Eies vorteilhaft ist.

Raupe

▶ 40–45 mm Spannweite

▶ Anfang Mai bis Anfang
Oktober, je nach Region in
zwei bis drei Generationen

▶ **Merkmale**
Männchen hellgelb, Weib-
chen weißlich-gelb; beide
mit diffuser schwärzlicher
Randbinde und zentralem
Fleck auf der Oberseite der
Vorderflügel; Unterseite
der Hinterflügel mit
„8-förmiger" Zeichnung

▶ **Vorkommen**
offenes Gelände; blumen-
reiche, grasige Stellen;
auch Kulturland

▶ **Verbreitung**
im mittleren Europa, ost-
wärts bis nach Mittelasien

▼

- ▶ 40–50 mm Spannweite
- ▶ Juni und Juli in einer
  Generation, in höheren
  Lagen bis August

- ▶ **Merkmale**
  Oberseite kräftig schwefel-
  gelb mit breiten schwarzen
  Randbinden und kleinem
  schwarzem Fleck in der
  Mitte der Vorderflügel;
  Weibchen weiß

- ▶ **Vorkommen**
  fast ausschließlich in
  Hochmooren des Alpen-
  und Voralpengebietes
  typisches Überbleibsel aus
  der Eiszeit (Glazialrelikt)

- ▶ **Verbreitung**
  von den Alpen ostwärts bis
  Japan, nach Nordosten bis
  ins Baltikum und in Skandinavien

Hochmoorgelbling
Colias palaeno

Die Art ist ein typisches Überbleibsel aus der Eiszeit,
ein sogenanntes Glazialrelikt. Die Raupe mit der
gelben Seitenlinie frißt ausschließlich an der Rausch-
beere *(Vaccinium uliginosum)*. Durch Torfstich, Entwässerung und Aufforstung ist der Hochmoorgelbling außerordentlich gefährdet. Im intakten Lebensraum gibt es jedoch meist ausreichend Futterpflanzen für die Raupen, das Problem ist vielmehr das
mangelnde Angebot an Kräuterblüten für die Falter.
Der Hochmoorgelbling ist nämlich ein ausgespro-
chener „Biotopkom-
plex-Bewohner",
d. h. der Wohnraum
der Raupen und der
Falter ist in der
Regel nicht identisch,
sollte aber räumlich
in unmittelbarer Nähe
liegen.

Männchen mit geöffneten Flügeln

Grünlicher Heufalter
Colias phicomone

Wie bei den anderen Gelblingsarten ist der Flug des Grünlichen Heufalters schnell, ungestüm und bodennah. Die spindelförmigen weißen Eier werden auf der Blattoberseite der Futterpflanzen abgelegt und verfärben sich später rötlich. Die Jungraupe ernährt sich zuerst von alten, harten Blättern und überwintert dann. Nach dem Winter wächst die Raupe sehr schnell an frisch austreibenden verschiedenen Schmetterlingsblütlern, in erster Linie Wickenarten, Hornklee und Luzerne. Die erwachsene Raupe ist bläulich bis hellgrün, besitzt einen blaßgelben Seitenstreifen und kurze schwarze Haare. Im Mai oder Juni ist sie ausgewachsen und verpuppt sich in fast waagrechter Position an Stengeln.

Männchen mit geöffneten Flügeln

- 40–50 mm Spannweite
- Ende Juni bis August in einer Generation (selten eine zweite im August/ September)

- **Merkmale**
  Oberseite des Männchens blaßgelbgrün, stark dunkelgrau bestäubt; Unterseite der Hinterflügel kräftig gelb; Weibchen grünlichweiß, Bestäubung nicht so ausgeprägt

- **Vorkommen**
  auf Almwiesen und Berghängen mit Grasbestand von 900 – ca. 3.000 m in den Alpen

- **Verbreitung**
  in den Alpen, Nordkarpaten, Pyrenäen und Nordspanien

31

Zitronenfalter
Gonepteryx rhamni

- 50–60 mm Spannweite
- im Frühjahr der erste Falter, im Juli für einige Tage

- **Merkmale**
  Flügelfarbe des Männchens zitronengelb, das Weibchen ist grünlichweiß; beide mit orangefarbenem Fleck in der Mitte der Flügel

- **Vorkommen**
  weit verbreitet, meist in Wald- und Buschgelände, aber auch in Gärten

- **Verbreitung**
  in Nordafrika, fast ganz Europa (außer dem hohen Norden), ostwärts bis in die Mongolei

Der Zitronenfalter ist der einzige europäische Falter, der frei und ohne Versteck in Bodennähe im trockenen Laub überwintert. Somit leben die Falter recht lange: Sie schlüpfen im Juli aus der Puppe, fliegen einige Tage und gehen dann in eine Sommerruhepause über. Nach einer weiteren, kurzen Flugzeit beginnt ab August die Winterruhe. Im nächsten Frühjahr ist er einer der ersten Schmetterlinge, die umherfliegen. Beim Hochzeitsflug fliegt das Weibchen dem Männchen meist an Waldrändern oder Lichtungen voraus. Setzt sich das Weibchen auf den Boden, kommt es zur Paarung, die oft bis zu drei Stunden dauern kann. Die Eier werden an die jungen Zweige von Echtem Kreuzdorn und Faulbaum gelegt.

Raupe

Frühlingsscheckenfalter
Hamearis lucina

Der Frühlingsscheckenfalter ist der einzige europäische Vertreter der Familie Riodinidae. Über 1000 Arten dieser Familie leben vor allem in den tropischen Regionen Südamerikas. Während die meisten dieser Falter die buntesten Farbvariationen oft in Kombination mit metallischen Schillerfarben zeigen, ist unser einheimischer Vertreter eine unscheinbare Art, die in Färbung und Zeichnung einem „echten" Scheckenfalter gleicht. Er ist kein schneller Flieger und verbirgt sich gerne an der Unterseite großer Blätter. Die blaßgraue bis bräunliche Raupe frißt während der Nacht an Schlüsselblumen. Es überwintert die Puppe.

Männchen mit geschlossenen Flügeln

▶ 25 – 35 mm Spannweite

▶ April/ Mai bis Juni und Juli bis September in einer oder zwei Generationen

▶ **Merkmale**
dunkelbraune Flügeloberseite mit orangegelben Flecken; Hinterflügel-Unterseite mit zwei Reihen weißer Flecken

▶ **Vorkommen**
gras- und blütenreiche Waldlichtungen, am Waldrand, in buschbestandenem Gelände

▶ **Verbreitung**
in fast ganz Europa, außer Süden der Iberischen Halbinsel, Süditalien, Nordengland, Norddeutschland und Skandinavien

- 50–60 mm Spannweite
- Juli in einer Generation

Merkmale
ähnlich dem Großen Schillerfalter, jedoch auf dem Vorderflügel zusätzlich ein Augenfleck mit orangefarbenem Ring; Weibchen ohne Schiller

Vorkommen
in lichten Mischwäldern, an Waldrändern und Auengelände bis ca. 800 m

Verbreitung
in Mittel- und Südeuropa; isolierte Vorkommen in Nordportugal und Nordspanien; nicht in Norddeutschland

Kleiner Schillerfalter
Apatura ilia

Der Blau- oder Rotschiller der Flügeloberseiten rührt nicht von einem (blauen oder roten) Farbstoff her, sondern ist durch den besonderen Bau der Flügelschuppen bedingt: Kleine Luftkammern in den Schuppen und eine bestimmte Beziehung zwischen Lichteinfall und Flügelneigung

Falter mit geschlossenen Flügeln

bewirken Interferenzen und Reflexionen. Die Männchen versammeln sich gerne auf Waldwegen und saugen dort an nasser Erde, Kot oder Aas. Der Kleine Schillerfalter gilt durch den Anbau kanadischer Pappeln als stark gefährdet: An diesen werden zwar Eier abgelegt, die jungen Raupen können aber die, im Vergleich zu den heimischen Pappelarten, dickeren Blätter nicht fressen und müssen verhungern.

Großer Schillerfalter
Apatura iris

Männchen und Weibchen versammeln sich zum Hochzeitsflug an sogenannten Rendezvous-Plätzen. Dies sind besonders hohe alte Bäume (bevorzugt Eichen), aber auch Bergkuppen. Zur Eiablage fliegen die Weibchen in Abständen von 5 – 10 min von den Wipfeln herunter, kriechen in das dichte Blattwerk beschatteter Salweiden und legen auf der Blattober-seite jeweils nur ein Ei ab. Die blaugrüne, dicke Raupe mit den zwei langen Hörnern am Kopf überwintert angesponnen in einer Astgabel oder unter einem toten Blatt. Sie beginnt bereits im März wieder an Weidenarten zu fres-sen. Die grünliche Stürzpuppe ähnelt einem welken Blatt.

Raupe

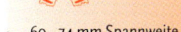

▶ 60 – 74 mm Spannweite
▶ Juli und August in einer Generation

▶ **Merkmale**
Oberseite schwarzbraun, Männchen mit blauviolet-tem Schiller, Vorderflügel mit weißen Flecken, Hin-terflügel mit weißer Binde und Augenfleck; Weibchen größer und ohne Blau-schiller

▶ **Vorkommen**
in lichten Au- und Laub-wäldern mit Weiden-bestand; weit verbreitet, mancherorts selten

▶ **Verbreitung**
von Mitteleuropa bis nach Nordostchina; isolierte Vorkommen in Nordportu-gal, Nordspanien und Südengland

35

- 65–80 mm Spannweite
- Ende Mai bis Anfang August in einer Generation

- **Merkmale**
  Oberseite dunkelbraun mit weißlichen, orangefarbenen, blauschillernden und schwarzen Flecken; Flügelunterseite lebhaft orangebraun und blaugrau gezeichnet

- **Vorkommen**
  in feuchten, lichten Laub- und Mischwäldern mit Lichtungen sowie an deren Rändern

- **Verbreitung**
  in Mittel- und Nordeuropa; fehlt auf den Britischen Inseln, in Norddeutschland und Nordskandinavien

Großer Eisvogel
Limenitis populi

Der Große Eisvogel ist ein Bewohner der Baumwipfel, der nur zur Nahrungs- und Wasseraufnahme auf den Boden kommt. Dort saugen die Falter auch an Dung, feuchter Erde und Aas, um darin enthaltene Mineralstoffe aufzunehmen. Zur „Wipfelbalz" warten die Männchen, oft bis zu einem Dutzend Falter, mit ausgebreiteten Flügeln in den Baumwipfeln sitzend auf die Weibchen. Die Weibchen sind deutlich größer als die Männchen, die weißen Flecken auf den Flügeln sind deutlicher und ausgeprägter. Die Raupen sind zur Zeit lokal stark durch die Schwammspinner-Bekämpfung mit dem Spritzmittel Dimilin gefährdet.

Flügelunterseite

Kleiner Eisvogel
Limenitis camilla

Im Gegensatz zum Großen Eisvogel halten sich die Falter mehr in Bodennähe auf. Oft fliegen sie über Waldwegen in geringer Höhe und besuchen außer den Bodenplätzen auch Blüten. Die Männchen bilden Reviere, aus denen sie Nebenbuhler vertreiben. Futterpflanze der grünen Raupe mit dem braunen Kopf ist meist das Geißblatt, seltener Schneebeere oder Heckenkirsche. Die junge Raupe überwintert in einem speziellen Gespinst am Blattstiel, das wie eine Tüte aussieht. Im Frühjahr beginnt sie wieder mit der Nahrungsaufnahme und ist im Juni ausgewachsen. Dann verpuppt sie sich.

Raupe

▶ 45–55 mm Spannweite
▶ Juni bis August in einer Generation

▶ **Merkmale**
Oberseite schwarzbraun mit weißer Fleckenbinde und zwei Reihen schwarzer Punkte; Unterseite gelbbraun, bunt gemustert mit weißen, blaugrauen und dunklen Flecken

▶ **Vorkommen**
in feuchten Laubwäldern und Augehölzen, in den Bergen bis ca. 1.500 m (selten an Blüten)

▶ **Verbreitung**
in Mittel- und Nordeuropa, östlich bis Japan; fehlt im Westen, im Norden der Britischen Inseln, im äußersten Norddeutschland und Nordskandinavien

▶ 55–70 mm Spannweite
▶ ab Juli bis zur Überwinterung (Ende September/
Anfang Oktober) und dann
wieder von März bis Mai

▶ **Merkmale**
dunkelbraun mit breitem
gelbem Saum, davor mit
hellblauer Fleckenreihe;
unverwechselbar

▶ **Vorkommen**
in lichten Wäldern und
Auen, mit Vorliebe an
Bachläufen, Waldrändern
und buschigem Gelände,
bis über 2.000 m

▶ **Verbreitung**
von Nordportugal und
Nordspanien über ganz
Europa; nicht auf den
Britischen Inseln und
Nordskandinavien

Trauermantel
Nymphalis antiopa

Der in fast ganz Europa verbreitete Trauermantel ist
in den letzten Jahrzehnten recht selten geworden.
Die Ursachen dafür, daß es ihn immer weniger gibt,
sind noch nicht ganz ge-
klärt. Möglicherweise
spielen Insektizide eine
Rolle, da die Falter gerne
an Fallobst saugen. Die
schwarzen Raupen mit den
rostroten Rückenflecken leben an Salweide, Birke und
Ulme bis zur Verpuppung im
Juli in einem gemeinsamen Gespinst. Die gräuliche Stürzpuppe
hängt an der Futterpflanze, kann aber
auch weiter entfernt von den Fraß-
büschen gefunden werden. Die Überwinterung erfolgt als Falter. Paarung und
Eiablage erfolgen im nächsten Frühjahr.

Raupe

Großer Fuchs
Nymphalis polychloros

Da die Falter gerne Obstbäume anfliegen, sind sie besonders durch den starken Spritzmitteleinsatz gefährdet. Aber auch ein Verschwinden der Feldgehölze führte dazu, daß der Große Fuchs in den letzten Jahren immer seltener geworden ist. Denn Ulmen, Weiden und Pappeln sind die Futterpflanzen der Raupen. Die schwarzen, fein weiß gefleckten Raupen tragen bräunliche Dornen. Man findet sie oft auf einzeln stehenden Sträuchern im offenen Gelände, wo sie gesellig in einem gemeinsam gesponnenen Raupennest leben.

Falter mit geschlossenen Flügeln

▶ 50–65 mm Spannweite
▶ Ende Juni mit Überwinterung bis Ende Mai in einer Generation

▶ **Merkmale**
dem Kleinen Fuchs sehr ähnlich, unterscheidet sich aber durch die helle Basis der Hinterflügel und den schnelleren, ungestümen Flug

▶ **Vorkommen**
offenes, buschiges oder baumbestandenes Gelände, Waldränder, Parklandschaften, in den Bergen bis ca. 1.500 m

▶ **Verbreitung**
Nordafrika, fast ganz Europa, ostwärts bis zum Himalaya; nicht in Nordengland und Skandinavien.

39

- 50–60 mm Spannweite
- im Süden und an klimatisch begünstigten Stellen zwei Generationen von Ende Juni bis Mitte Juli und überwinternd von August bis Mai

- **Merkmale**
kräftig rotbraun, auf jedem Flügel ein großer Augenfleck

- **Vorkommen**
überall weit verbreitet und häufig, oft in Gärten und Parklandschaften, auch in der Großstadt (Ubiquist); in den Alpen bis ca. 2.500 m Höhe

- **Verbreitung**
in fast ganz Europa, mit Ausnahme des Südens der Iberischen Halbinsel und Nordskandinavien

Tagpfauenauge
Inachis io

Die an geschützten Stellen wie Heustadel, Dachböden und Gartenhäuschen überwinternden Falter erscheinen im Vorfrühling und saugen gerne am Huflattich. Im Mai setzt das Weibchen die Eier an Blattunterseiten von Brennesseln in häufchenartigen Gelegen ab. Die schwarzen, fein weiß punktierten Raupen leben gesellig in einem gemeinsamen Gespinst. Sie fressen ein Blatt bis auf die Rippen ab, dann wechseln sie auf das nächste Blatt über. Die erste Raupengeneration erscheint von Mai bis Juni, die zweite im Juli und August. Aus der an Stengeln hängenden Sturzpuppe schlüpfen die

Raupe

Falter nach etwa zwei bis drei Wochen.

Kleiner Fuchs
Aglais urticae

Der in Dachböden, Holzspalten oder Mauslöchern überwinternde Kleine Fuchs ist im Frühjahr einer der ersten Falter und bringt je nach Klimasituation zwei bis drei Generationen hervor. Die Falter versammeln sich gerne auf Klee- und Luzernefeldern, in Gärten sind sie oft an Buddleja, dem Schmetterlingsstrauch, zu finden. Oft kann man die Falter besonders zahlreich im Herbst beobachten. Die Raupen leben bis zur letzten Häutung gesellig in einem gemeinsamen Gespinst auf Brennesseln. Erst im letzten Stadium verlassen sie das gemeinsame Nest, leben dann als Einzelgänger und verpuppen sich als Stürzpuppe an Pflanzenstengeln. Daraus schlüpft noch im selben Jahr der Falter.

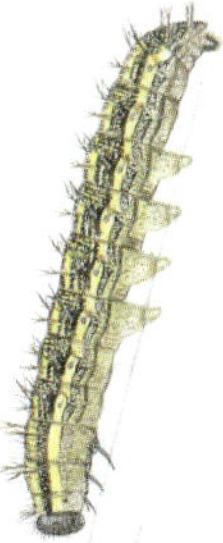

Raupe

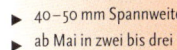

- ► 40–50 mm Spannweite
- ► ab Mai in zwei bis drei Generationen je nach Klimasituation

- ► **Merkmale**
  deutlich kleiner als der Große Fuchs und durch Flugweise und die schwarze Basalregion der Hinterflügel von diesem unterscheidbar

- ► **Vorkommen**
  Ubiquist, der im offenen Gelände überall weit verbreitet ist; selbst mitten in Großstädten scheint er sich wohlzufühlen

- ► **Verbreitung**
  in ganz Europa, ostwärts bis zur Pazifikküste

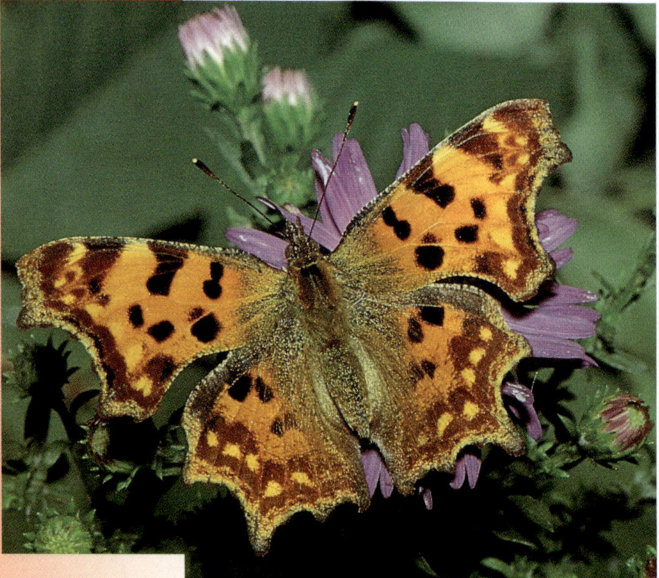

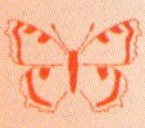

- 40–50 mm Spannweite
- Juni bis August und ab August überwinternd bis Juni in zwei Generationen

- **Merkmale**
  Oberseite rotbraun mit schwarzen und gelblichen Flecken; Unterseite der Hinterflügel mit silbrig glänzendem, C-förmigem Fleck; Flügelränder stark eingebuchtet bis gezackt
- **Vorkommen**
  in lichten Wäldern, an Waldrändern, Lichtungen, Auen und Gärten
- **Verbreitung**
  Nordafrika, Europa, mit Ausnahme des Nordens der Britischen Inseln und Nordskandinaviens, östlich bis Japan

C-Falter

Polygonia c-album

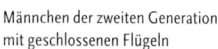

Die überwinternden Falter versammeln sich im Frühjahr gerne an blühenden Weidenkätzchen. Das Weibchen legt die Eier im Mai einzeln oder in kleinen Gruppen u. a. an Brennessel, Hopfen, Johannis- und Stachelbeere ab. Die Raupe findet man häufig U-förmig gekrümmt an den Blattunterseiten dieser Futterpflanzen sitzend. Ihr Vorderkörper ist rotbraun und schwarz gebändert, die hintere Hälfte ist oben weiß und seitlich rotbraun gestreift. Vorder- und Hinterkörper tragen verzweigte Dornen, die jeweils ebenso gefärbt sind. Der weiße Fleck auf dem Rücken läßt die Raupe als Vogelkot erscheinen und tarnt sie somit gut vor Freßfeinden. Nach sechs Wochen sind die Raupen ausgewachsen.

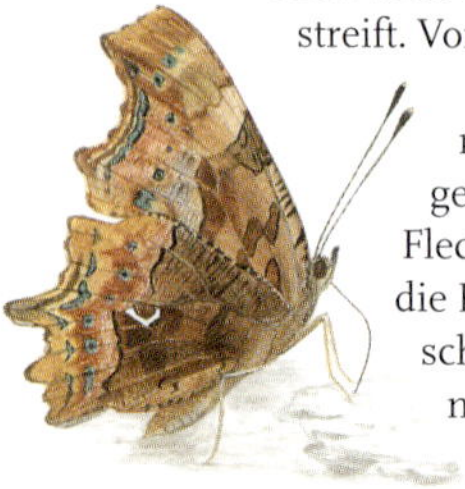

Männchen der zweiten Generation mit geschlossenen Flügeln

Admiral
Vanessa atalanta

Die variabel von gelblich bis schwarz gefärbten Raupen sind Einzelgänger, die in einem zu einer Tüte zusammengesponnenen Brennesselblatt leben und sich in diesem Schutzgespinst auch verpuppen. Dabei bevorzugen sie die Randstellen von Brennnesselhorsten. Am Ende des Sommers sammeln sich die frisch geschlüpften Falter oft

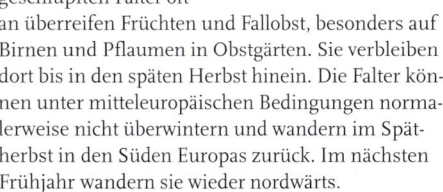

Falter mit geschlossenen Flügeln

an überreifen Früchten und Fallobst, besonders auf Birnen und Pflaumen in Obstgärten. Sie verbleiben dort bis in den späten Herbst hinein. Die Falter können unter mitteleuropäischen Bedingungen normalerweise nicht überwintern und wandern im Spätherbst in den Süden Europas zurück. Im nächsten Frühjahr wandern sie wieder nordwärts.

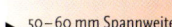

▸ 50–60 mm Spannweite

▸ ab Mai, dann von Juli bis August und September bis Oktober in zwei bis drei Generationen

▸ **Merkmale**
Oberseite samtschwarz mit leuchtendroter Schrägbinde und weißen Flecken; Hinterflügel mit roter Randbinde sowie blauen und schwarzen Flecken

▸ **Vorkommen**
in freiem Gelände, an Hecken und in Obstgärten (an Fallobst saugend); überall wo es Brennesseln gibt; sehr weit verbreiteter Wanderfalter

▸ **Verbreitung**
Nordafrika, ganz Europa; im Norden je nach Einwanderung

- 45 – 60 mm Spannweite
- Mai bis Oktober in zwei bis drei Generationen

- **Merkmale**
  Vorderflügel mit schwarzen und weißen Flecken; Hinterflügel nur schwarz gefleckt, deren Unterseite mit fünf Augenflecken

- **Vorkommen**
  ein aus Südeuropa und Nordafrika einwandernder Wanderfalter, der regelmäßig nach Norden (bis Island) zieht, allerdings aber nur in Südeuropa überwintern kann

- **Verbreitung**
  Europa, Afrika, Asien, Australien, Nordamerika

Distelfalter
Vanessa cardui

Der Distelfalter ist fast auf der ganzen Erde verbreitet, lediglich in Südamerika kommt er nicht vor. Im Mittelmeergebiet entwickeln sich die Falter bei günstigen Bedingungen oft in Massen, so daß die Tiere in breiter, lockerer Front abwandern. Im Zielgebiet angekommen, legt das Weibchen die Eier einzeln an die Spitzenpartien von Brennesseln ab. Die schwärzliche oder graugrüne Raupe spinnt zum Schutz Blätter zusammen. Ebenso wie der Admiral kann der Distelfalter bei uns nicht überwintern und wandert im Oktober südwärts. Im Sommer kommen deshalb neu eingewanderte und im Gebiet geschlüpfte Falter nebeneinander vor.

Raupe

44

Landkärtchen
Araschnia levana

Die im Frühjahr fliegenden Falter (s. linke Zeichnung) unterscheiden sich deutlich von den im Sommer fliegenden Faltern (s. rechte Zeichnung). Dieses Phänomen nennt man Saisondimorphismus und wird durch Hormone hervorgerufen. Dieser geänderte Hormongehalt wird durch die unterschiedliche Tageslänge und Außentemperatur während der Raupenentwicklung hervorgerufen. Die Raupen schlüpfen aus Eitürmchen, die die Falter zu 6 – 15 Stück an die Blattunterseite von Brennesseln, bevorzugt an schattigen Orten, ablegen. Unter einem einzigen Blatt können sich mehrere Türmchen befinden. Die Raupen sind schwarz und besitzen an der Basis verdickte, schwarze Dornen. Sie leben anfangs gesellig und verstreuen sich dann nach der letzten Häutung.

Flügel der Frühjahrsform (links) und der Sommerform (rechts)

▶ 28 – 40 mm Spannweite

▶ April bis Juni und Juli bis August in zwei Generationen

▶ **Merkmale**
ausgeprägter „Saisondimorphismus": Frühjahrsform gelbbraun mit schwarzen, gelben und kleinen weißen Flecken; Sommerform schwarzbraun, mit weißer oder gelblicher Querbinde; Unterseite mit heller Netzzeichnung („Landkarte")

▶ **Vorkommen**
in feuchten Wäldern, Auen und Parklandschaften, an Waldrändern

▶ **Verbreitung**
Pyrenäen über Mitteleuropa bis nach Japan; nicht im Norden

Kaisermantel
Argynnis paphia

- 55–65 mm Spannweite
- Ende Juni bis Mitte September in einer Generation

Merkmale
Oberseits leuchtend orangebraun mit schwarzen Flecken; die Unterseite grünlich mit silbrig weißen Streifen (daher wird die Art auch Silberstrich genannt)

Vorkommen
immer in Waldnähe, bevorzugt Lichtungen und Waldränder

Verbreitung
Algerien, fast ganz Europa, mit Ausnahme des äußersten Südens der Iberischen Halbinsel, Nordengland und Nordskandinavien

Der Kaisermantel ist der größte der heimischen Perlmutterfalter, deren Unterseite v.a. am Hinterflügel Flecken hat, die mit perlmutterglänzenden Schuppen besetzt sind. Diese Schuppen sind pigmentlos und brechen und reflektieren das Licht an ihrer längsgeriesten Oberfläche. Da sich die meisten Perlmutterfalter sehr ähnlich sehen, ist es für den Laien sehr schwierig, die einzelnen Arten zu unterscheiden. Die schwarzbraunen Raupen mit dem gelben Rückenband haben dunkelgelbe verzweigte Dornen. Sie leben einzeln, halten sich tagsüber versteckt und fressen an verschiedenen Veilchenarten.

Falter mit geschlossenen Flügeln

46

Großer Perlmutterfalter
Argynnis aglaja

Der Große Perlmutterfalter weist eine große vertikale Verbreitung auf. So kommt er von Niederungen bis zu Gebirgswiesen in über 3.000 m Höhe vor. Sein Verbreitungsgebiet umfaßt ganz Europa und Asien bis nach Japan. In Nordafrika ist er

Männchen mit geschlossenen Flügeln

nur aus wenigen Stellen in Marokko bekannt. Färbung und Zeichnung treten in großer Vielfalt auf, so daß mehrere geographische Rassen beschrieben wurden. Die schwarze Raupe besitzt an den Seiten eine Reihe orangeroter Flecken. Sie ist hauptsächlich nachtaktiv und hält sich am Tage meist unter der Futterpflanze versteckt.

▶ 50–60 mm Spannweite

▶ Juni bis Mitte August in einer Generation

▶ **Merkmale**
Oberseite des Männchens rotbraun mit schwarzen Flecken, Weibchen fahler, grünlichbraun; Unterseite der Hinterflügel bei beiden gelb, grünlich überhaucht, mit silbrigen, perlmutterartigen Flecken; im Gegensatz zum Kaisermantel keine Silberstreifen

▶ **Vorkommen**
Waldränder und Waldwiesen, Auen; wie der Kaisermantel gerne in lichten Wäldern der Mittelgebirge; in den Alpen bis zur Baumgrenze

▶ **Verbreitung**
Marokko, ganz Europa, ostwärts bis Japan

47

Märzveilchenfalter
Argynnis adippe

▶ 40–55 mm Spannweite
▶ Juni und Juli in einer
Generation

▶ **Merkmale**
Die Unterseite der Hinterflügel besitzt neben den
üblichen Silberflecken
noch eine Reihe brauner,
silber gekernter
Ringflecken.

▶ **Vorkommen**
Waldränder, Waldlichtun-
gen; in bergigen Gegenden
häufiger

▶ **Verbreitung**
Nordafrika, fast ganz
Europa, mit Ausnahme
eines Großteiles der
Britischen Inseln und
Nordskandinaviens

Im Juli legt der
Falter kegelförmig
zugespitzte Eier
einzeln auf Sten-
gel und Blätter von
Veilchen ab. Die Jung-
raupen schlüpfen erst
im nächsten Februar
aus diesen Eiern.
Sie fressen an den
Veilchenblüten, wech-
seln erst später zu den

Männchen mit geschlossenen
Flügeln

Blättern über. Sie sind tagaktiv und verstecken sich
nachts zwischen abgestorbenen Blättern unter der
Futterpflanze. Nach zwei bis drei Monaten sind sie
ausgewachsen und verpuppen sich zwischen locker
versponnenen Blättern, oft in einiger Entfernung von
der Futterpflanze. Innerhalb eines Monats schlüpfen
die Falter. Sie saugen an Korbblütlern und Disteln.

Stiefmütterchen-Perlmutterfalter
Argynnis niobe

Die Mehrzahl der Perlmutterfalterarten sind Veil-
chenfalter, d. h. ihre Raupen ernähren sich von Veilchen. Dabei dient nicht unbedingt – wie der deutsche
Name vermuten läßt – eine spezielle Veilchenart als
Futterpflanze, sondern der jeweilige Entwicklungs-
stand der Pflanze am Standort ist entscheidend.
Nach der Eiablage im August überwintert die junge
Raupe fertig entwickelt in
der Eischale und schlüpft
erst im nächsten Frühjahr.
Die Raupe ist braun mit
rötlichweißen Dornen
und weiß gefleckten
Seiten. Sie verpuppt
sich zur bräunlichen
Stürzpuppe, die in bo-
dennah wachsenden Pflan-
zen ihres Lebensraumes
angesponnen wird.

Männchen mit
geschlossenen
Flügeln

▶ 42 – 55 mm Spannweite
▶ Juni bis August in einer
   Generation

▶ **Merkmale**
   Oberseite leuchtend leder-
   braun und schwarz ge-
   fleckt, Unterseite der
   Hinterflügel meist an der
   Basis grünlich übergossen;
   Adern gegen den Außen-
   rand zu schwarz

▶ **Vorkommen**
   Wald- und Bergwiesen, bis
   über die Baumgrenze, in
   den Alpen bis 2.500 m

▶ **Verbreitung**
   fast ganz Europa, außer
   dem äußersten Südwesten
   der Iberischen Halbinsel,
   der Britischen Inseln und
   weiten Teilen Skandi-
   naviens

49

Kleiner Perlmutterfalter
Issoria lathonia

- 35 – 45 mm Spannweite
- April bis Oktober in zwei bis drei Generationen, in höheren Lagen der Gebirge nur eine Generation

- **Merkmale**
  Basis der Hinterflügel grau bestäubt, Unterseite mit sehr großen Silberflecken von mehr länglicher Form

- **Vorkommen**
  in trockenem, offenem Gelände, Brachland, Heidegebieten

- **Verbreitung**
  Nordafrika und fast ganz Europa, mit Ausnahme der Britischen Inseln und Nordskandinaviens

Der Kleine Perlmutterfalter ist ein sehr scheuer und schnell fliegender Wanderfalter, der von Südeuropa aus kommend England und Skandinavien erreicht. Zum Nektarsaugen besucht er gerne die Blüten von Disteln, nimmt aber auch mit anderen Korbblütlern vorlieb. Die Eier werden einzeln am Blattstiel der Futterpflanzen, Stiefmütterchen, abgelegt. Die dunkelbraunen bis schwarzen Raupen leben einzeln an Veilchenarten und überwintern dort. Allerdings wurde auch beobachtet, daß Falter und Puppe überwintern können. Die goldbraune Stürzpuppe ist an den Spitzen der Flügelscheiden weiß, was dem Kot von Vögeln sehr ähnlich ist („Vogelkotmimese").

Raupe

Violetter Silberfalter
Brenthis ino

Der Violette Silberfalter ist ein langsamer und flatternder Flieger, der sich oft auf den Blüten von Disteln, Brombeeren und Wiesen-Flockenblumen niederläßt. Auf der Suche nach Weibchen jagen die Männchen gerne anderen Schmetterlingen nach. Zur Eiablage setzt sich das Weibchen auf die Blattoberseite, sucht mit dem Hinterleib nach kleinen Löchern im Blatt, z. B. Käfer-Fraßstellen, und legt das Ei durch das Loch hindurch an die Blattunterseite. Futterpflanzen der Raupen sind Mädesüß, Großer Wiesenknopf und Fleischfarbenes Knabenkraut. Die aus dem Ei schlüpfende gelblich graubraune Raupe frißt meistens nachts.

Raupe

▶ 32 – 42 mm Spannweite
▶ Ende Mai bis Mitte August in einer Generation

▶ **Merkmale**
die orangerote Grundfarbe ist mit schwarzen Flecken- und Streifenmustern besetzt

▶ **Vorkommen**
in feuchten offenen Waldgebieten, auf Sumpfwiesen und in Moorgebieten

▶ **Verbreitung**
vom Norden der Iberischen Halbinsel nach Mittel- und Nordeuropa; nicht im Nordwesten, auf den Britischen Inseln und Nordskandinavien

- 30 – 35 mm Spannweite
- Mitte Juni bis August in einer Generation

▶ **Merkmale**
schwarze Fleckenzeichnung auf der Ober- und Unterseite der Flügel gut entwickelt; basaler Teil der Hinterflügel großflächig dunkelbraun gefärbt

▶ **Vorkommen**
nasse Heiden und Hochmoore

▶ **Verbreitung**
Mitteleuropa; ostwärts bis zum Ural und ins Altai-Gebiet

Hochmoor-Perlmutterfalter
Boloria aquilonaris

Wie bei vielen Hochmoorarten, handelt es sich auch beim Hochmoor-Perlmutterfalter um ein Glazial-relikt: Es sind „Überbleibsel" der Eiszeit, die heute hauptsächlich im arktischen Norden und in höheren Gebirgen zu finden sind. Nach der Eiszeit konnten sie sich in Mitteleuropa nur noch in kälteren Gebieten halten. Hochmoore besitzen nur wenige Nektar-pflanzen, so daß die Falter zum Saugen in andere, meist tiefer gelegene nektarreiche Gebiete fliegen müssen. Beobachtet man niedrig flatternde Falter im Zentrum der Hochmoore, so handelt es sich höchstwahr-scheinlich um Männchen, die sich auf dem Suchflug nach frisch ge-schlüpften Weibchen be-finden.

Männchen mit geöffneten Flügeln

Braunfleckiger Perlmutterfalter
Boloria selene

Die Männchen (s. Zeichnung) sind ausgesprochen aktiv und fliegen im Suchflug eifrig umher, während die trägeren Weibchen (s. Foto) meist auf Blüten sitzen und nur wenig umherfliegen.

Männchen mit geöffneten Flügeln

Als Eiablageplätze dienen meist die Pflanzen der Magerwiesen. Das Weibchen setzt sich in der Wiese ab, krümmt den Hinterleib nach unten und läßt jeweils ein einzelnes Ei fallen oder klebt es an die Futterpflanze. Die schwärzliche Raupe trägt hinter dem Kopf ein fühlerähnlich langes, schwarzes Dornenpaar und frißt an Heidelbeere, Hunds- und Sumpfveilchen. Sie ist überwiegend nachtaktiv. Durch zunehmende Entwässerung und Aufforstung von Feuchtgebieten wird die Art immer seltener.

▸ 28–38 mm Spannweite

▸ Anfang Mai bis Ende Juni und Mitte Juli bis Anfang September in zwei Generationen

▸ **Merkmale**
auffallend ist der große schwarze Fleck im dunklen Basalfeld der Hinterflügel-Unterseite

▸ **Vorkommen**
Wiesen in bewaldeten Flußauen, Moore, Flachmoore, in Waldlichtungen an feuchten Stellen

▸ **Verbreitung**
vom Norden der Iberischen Halbinsel über Mittel- und Nordeuropa ostwärts bis Sibirien; nicht in Irland

Veilchen-Perlmutterfalter
Boloria euphrosyne

▶ 35–45 mm Spannweite
▶ April bis Juni und Juli bis August in zwei Generationen

▶ **Merkmale**
Auf der Unterseite der Hinterflügel befindet sich in dem gelben Schrägband ein großer zentraler Silberfleck.

▶ **Vorkommen**
weit verbreitet, an Waldrändern und in Lichtungen, in Gehölzen; gern an feuchten Orten; im Gebirge bis zur Baumgrenze

▶ **Verbreitung**
vom Norden der Iberischen Halbinsel über Mittel- und Nordeuropa ostwärts bis Kasachstan; nicht in Irland

Der Veilchen-Perlmutterfalter erscheint im Vergleich zum Braunfleckigen Perlmutterfalter deutlich früher im Jahr, kommt überwiegend in trockeneren Gegenden vor und ist besonders häufig an Waldrändern zu finden. Selten treten die Falter in großen Individuenzahlen auf. Sie saugen gern an Günselarten. Die schwarz, gelb oder weiß bedornten Raupen fressen bis Ende Juli Veilchenarten und überwintern halberwachsen in einem abgestorbenen und zusammengerollten Blatt. Im nächsten Frühjahr schließen sie ihre Entwicklung ab und verpuppen sich an einem Blatt oder Stengel als bräunliche Stürzpuppe.

Schon innerhalb von zwei Wochen schlüpfen die Falter. Die Bestandsentwicklung des Veilchen-Perlmutterfalters ist rückläufig.

Falter mit geschlossenen Flügeln

Hainveilchen-Perlmutterfalter
Boloria dia

Die Art gehört zu den kleinsten Perlmutterfaltern und ist vor allem durch ihre auffallend violettbraunen Flügelunterseiten gekennzeichnet. Der Hainveilchen-Perlmutterfalter kommt in manchen Jahren sehr häufig vor, in anderen dagegen selten. Diese Schwankungen seiner Häufigkeit konnten bislang noch nicht geklärt werden. Die Gefährdung der Art ist besonders auf den Verlust offener oder gebüschreicher Magerrasen, einhergehend mit der Intensivierung der Landwirtschaft zurückzuführen. Die dunkelgrauen Raupen mit dem unterbrochenen, weißlichen Rückenstreifen und rötlichgelben Seitenstreifen leben an Veilchen (v. a. Rauhhaariges Veilchen) und Brombeere.

Falter mit geschlossenen Flügeln

▸ 27 – 35 mm Spannweite
▸ Ende April bis Anfang September in zwei bis drei Generationen

▸ **Merkmale**
gehört zu den kleinsten Perlmutterfaltern; auf der Oberseite der Hinterflügel ein schwarzer Fleck in der dunklen Basalzelle, fehlt auf der Flügelunterseite

▸ **Vorkommen**
auf grasigen Lichtungen in Wäldern, auf Hängen und blütenreichen Wiesen

▸ **Verbreitung**
vom Norden der Iberischen Halbinsel über Mitteleuropa ostwärts bis in die Mongolei

▶ 40–48 mm Spannweite
▶ Mitte Juni bis Ende August in einer Generation

▶ **Merkmale**
Oberseite orangebraun mit feinen schwarzen Zeichnungen; Unterseite der Hinterflügel gelblich, mehr oder weniger grünlich und violett verdunkelt

▶ **Vorkommen**
blütenreiche Waldlichtungen, Waldränder; im Gebirge nur bis zur montanen Zone

▶ **Verbreitung**
Alpen, Balkan, Rumänien, Polen, Lettland, Südfinnland und ostwärts bis Sibirien

Natterwurz-Perlmutterfalter
Boloria titania

Der Natterwurz-Perlmutterfalter unterscheidet sich von allen anderen einheimischen Perlmutterfalter mit ebenfalls violetter Färbung der Hinterflügel-Unterseite durch das hier deutlich dunklere Saumfeld. Der ähnliche, aber viel kleinere Hainveilchen-Perlmutterfalter besiedelt außerdem noch trockenwarme Biotope, wo der Natterwurz-Perlmutterfalter nicht zu finden ist. Die schwarze Raupe mit den gelben Dornen lebt am Wiesenknöterich, der auch Natterwurz genannt wird. Sie überwintert als voll entwickelte Raupe in der Eihülle und verpuppt sich als Stürzpuppe an Stengeln nahe dem Boden. Die Art unterliegt durch Aufforstung feuchter Wiesentäler einer zunehmenden Gefährdung.

Falter mit geschlossenen Flügeln

Alpen-Perlmutterfalter
Boloria thore

Der Alpen-Perlmutterfalter ist eine typisch boreo-montane Art, d. h. ihr Vorkommen erstreckt sich einerseits im nördlichen Nadelwaldgürtel, andererseits in weiter südlich gelegenen Gebirgen. Die Areale sind so weit voneinander isoliert, daß Falter aus verschiedenen Regionen sich nicht paaren können. Außer in den Alpen ist er auch in Baden-Württemberg zu finden, wo die Nordgrenze der alpinen Verbreitung erreicht wird. Im bayerischen Voralpengebiet fliegen die Falter zur Blütezeit an Karlszepter und an der Weißen Sumpfwurz. Als Futterpflanzen für die Raupen dienen Veilchenarten, v.a. das Zweiblütige Veilchen. Man vermutet, daß der Entwicklungszyklus des Alpen-Perlmutterfalters zwei Jahre dauert, weiß es aber noch nicht genau.

Falter mit geschlossenen Flügeln

- ▶ 40 – 46 mm Spannweite
- ▶ Mitte Juni bis Anfang August in einer Generation (in Österreich möglicherweise eine zweite Generation)

- ▶ **Merkmale**
  Die schwarze Zeichnung der Oberseite ist kräftig; die schwarze Bestäubung der Hinterflügel-Oberseite verbindet die Zeichnungen bzw. macht sie undeutlich.

- ▶ **Vorkommen**
  an buschigen Stellen und an Waldrändern, auf beschatteten Lichtungen; in Lappland an Fluß- und Bachläufen

- ▶ **Verbreitung**
  vereinzelt in den Alpen und in Nordskandinavien

57

Randring-Perlmutterfalter
Boloria eunomia

- 34–40 mm Spannweite
- Ende Mai bis Mitte Juli in einer Generation

- **Merkmale**
  Oberseite gelbbraun mit klaren Zeichnungen; Hinterflügel-Unterseite mit sechs schwarzgeringten Flecken

- **Vorkommen**
  feuchte Wiesen, Flachmoore an Seen und Flüssen, Hochmoore, Sumpfstellen

- **Verbreitung**
  isolierte Vorkommen in Mitteleuropa (Pyrenäen, Vogesen, Ardennen, Vintschgau, Süddeutschland, Österreich, Tschechien, Slowakei)

Wie beim Hochmoor-Perlmutterfalter (s. Seite 52) handelt es sich auch bei dieser Art um ein Glazialrelikt. Sie ist im südlichen Mitteleuropa auf größere, erst im Herbst oder gar nicht gemähte Bestände des Wiesenknöterichs angewiesen. Nahrungspflanze für Raupe und Falter ist nämlich nur der Wiesenknöterich. So findet man die Art besonders auf Streuwiesen, die rund um die Hochmoore liegen, aber auch weitab davon in ungemähten Niedermoorbereichen. Allerdings sind unsere Kenntnisse über Flugzeiten der Falter sowie Lebensweise und Lebensraum der Raupen noch sehr gering. Der Randring-Perlmutterfalter gehört zu den stark gefährdeten, hochmoorliebenden Schmetterlingsarten.

Männchen mit geöffneten Flügeln

Gemeiner Scheckenfalter
Melitaea cinxia

Ähnlich den Perlmutterfaltern sind die Scheckenfalter für den Laien sehr schwer unterscheidbar, sie sehen alle sehr ähnlich aus. Hinzu kommt, daß die Flügelzeichnung bei manchen Arten sehr variabel ist. Der Gemeine Scheckenfalter läßt sich allerdings sehr einfach anhand der großen schwarzen Punkte auf der inneren Randbinde der Hinterflügel erkennen. Die schwarzen Raupen mit den Querbändern aus weißen Flecken leben bis zum Winter gesellig in einem gemeinsamen Gespinst und überwintern. Ende Februar sonnen sie sich auf dem Gespinst und beginnen mit der Nahrungsaufnahme an Wegerich-Arten, v.a. an Spitzwegerich.

Die früher recht weit verbreitete Art ist heute überall stark rückläufig.

Männchen mit geöffneten Flügeln

▸ 34 – 42 mm Spannweite
▸ Ende Mai bis Juli in einer Generation (in einigen Gebieten Südeuropas zwei Generationen)

▸ **Merkmale**
Die gelbe Randbinde auf der Unterseite der Hinterflügel besteht aus schwarz eingefaßten, braungelben Flecken.

▸ **Vorkommen**
Die Falter bevorzugen blumenreiche Wiesen, wo sie z.B. an Margeriten saugen.

▸ **Verbreitung**
Marokko, Westalgerien, vom Norden der Iberischen Halbinsel über ganz Europa verbreitet; nicht auf den Britischen Inseln und in Nordskandinavien

- 40–48 mm Spannweite
- nördlich der Alpen und in den Gebirgen von Mai bis Juli in einer Generation; im Süden zwei Generationen

- **Merkmale**
Oberseite kräftig gelb-braun mit ausgeprägter schwarzer Zeichnung, orangefarbene Fleckenreihe vor dem Rand

- **Vorkommen**
auf Wiesen und blumenreichen Berghängen, in den Alpen bis über 2.000 m

- **Verbreitung**
Nordafrika, Südeuropa, nordwärts nur bis Mitteldeutschland, ostwärts bis in die Mongolei

Flockenblumen-Scheckenfalter
Melitaea phoebe

Männchen mit geöffneten Flügeln

Der Flockenblumen-Scheckenfalter gehört zu den größten einheimischen Scheckenfaltern. Männchen und Weibchen paaren sich am späten Nachmittag. Die Jungraupen überwintern gesellig in einem gemeinsamen Gespinst und trennen sich dann im Frühjahr. Sie sind schwarzgrau mit weißen Flecken und weißgelben Seitenstreifen und besitzen rotbraune oder orangegelbe Dornen. Über die Lebensweise der Raupen weiß man allerdings noch nicht viel: Sie fressen an Flockenblumen, Wegerich und Echter Kratzdistel. Durch Aufforstung und intensivere Nutzung von Trockenrasen ist diese Art gefährdet.

Roter Scheckenfalter
Melitaea didyma

Der Rote Scheckenfalter gehört zu den variabelsten einheimischen Tagfaltern, zahlreiche geographische und lokale Formen sind beschrieben worden. An ihrem Standort sind die Falter recht häufig und besuchen oft die Blüten von Acker-Witwenblume, Taubenskabiose und Wiesen-Flockenblume. Die Eier werden in kleinen Gruppen an den Blattunterseiten der Futterpflanzen abgesetzt. Die bunte Raupe mit den orangeroten Dornen scheint so ziemlich alles Pflanzliche zu fressen und lebt einzeln u. a. auf Königskerzen, Ehrenpreis und Wegerich. Die Überwinterung erfolgt als Jungraupe an der Fraßpflanze, dort findet auch die Verpuppung statt.

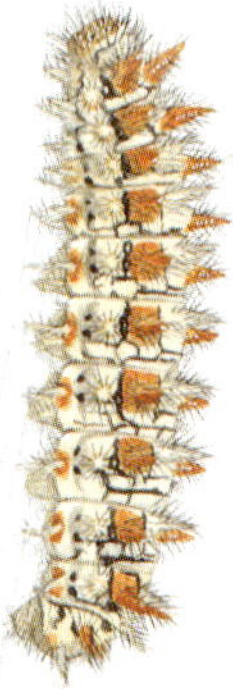

Raupe

- 35 – 45 mm Spannweite
- April bis Ende September in zwei oder drei Generationen

- **Merkmale**
  Oberseite des Männchens intensiv orangerot, beim Weibchen blasser; gilt als der variabelste einheimische Tagfalter

- **Vorkommen**
  trockene blütenreiche Stellen auf Waldlichtungen, Wiesen, Feldrainen und Kulturland

- **Verbreitung**
  Nordafrika, Süd-, Mittel- und Osteuropa; fehlt in Nordfrankreich, den Britischen Inseln, Norddeutschland und Skandinavien

Silber-Scheckenfalter
Melitaea diamina

- 34 – 42 mm Spannweite
- Mitte Mai bis Juli in einer Generation oder Mitte Mai bis Juli und August bis September in zwei Generationen

- **Merkmale**
  Männchen oberseits rotbraun mit dicker, schwarzer Gitterzeichnung; Weibchen etwas heller

- **Vorkommen**
  feuchte, blütenreiche Stellen wie Wiesen, Sümpfe und Hochmoore; auch in Waldnähe

- **Verbreitung**
  vom Norden der Iberischen Halbinsel über Mitteleuropa nach Osten; nicht auf den Britischen Inseln, Norddeutschland und Süditalien

Scheckenfalter sind oft nicht leicht bestimmbar. Und so ist gerade die Unterscheidung von Silber-Scheckenfalter, Wachtelweizenfalter (s. Seite 63) und einigen anderen *Melitaea*-Arten schwierig. Denn sie unterscheiden sich nur durch kaum sichtbare Flecken am Hinterflügel. Der Silber-Scheckenfalter kommt auf feuchten Stellen vor, die reich an Gräsern und Blüten sind. Oft findet man sie auch in Waldnähe. Das Weibchen (s. Zeichnung) legt die Eier in Häufchen an Blättern ab. Die jungen Raupen fressen gemeinsam in einem seidenen Gewebe. Darin überwintern sie auch. Erst im nächsten Frühjahr gehen sie einzeln auf Futtersuche und verpuppen sich an Pflanzen in Bodennähe.

Weibchen mit geöffneten Flügeln

Wachtelweizen-Scheckenfalter
Melitaea athalia

Beim Wachtelweizen-Scheckenfalter frißt die erwachsene Raupe einzeln oder in kleinen Gruppen an Wachtelweizen- und Wegericharten. Dagegen leben die Jungraupen in Gespinsten auf der Blattunterseite dieser Pflanzen. Ende August gehen sie in die Überwinterungsphase über, wozu sie sich zwischen Fallaub oder unter dürren Blättern anspinnen. Im Mai des nächsten Jahres sind sie ausgewachsen und verpuppen sich an Stengeln und Blättern in Bodennähe. Nach rund zwei Wochen schlüpft aus der Puppenhülle der Falter. Die Art gilt zwar nicht als gefährdet, in Europa ist der Bestand jedoch stark rückläufig.

Raupe

▶ 35–40 mm Spannweite

▶ Mai bis August in einer Generation, im Süden zwei Generationen

▶ **Merkmale**
außerordentlich variable Art; oft regelmäßig mit schwarzen, braunen und gelblichen Querbinden gezeichnet

▶ **Vorkommen**
auf blumenreichen Wiesen, Heiden, Mooren, Waldrändern und Lichtungen verbreitet und häufig

▶ **Verbreitung**
vom Norden der Iberischen Halbinsel über ganz Europa und Skandinavien, nach Osten bis Japan; nicht auf den Britischen Inseln

▶ 34–40 mm Spannweite
▶ Ende Mai bis Anfang
August in einer Generation
(im Süden evtl. zwei Generationen möglich)

▶ **Merkmale**
Oberseite kräftig gefleckt,
Vorderflügel-Unterseite
dunkler rotbraun; die dop-
pelte Randlinie innen dun-
kelgelb oder braun gefüllt

▶ **Vorkommen**
feuchte Wiesen, gras- und
buschbestandene Stellen
an Waldrändern

▶ **Verbreitung**
Norditalien, Alpen, Süd-
schweden, vom südlichen
Mitteleuropa ostwärts bis
Korea

Östlicher Scheckenfalter
Melitaea britomartis

Nicht nur die Bestimmung der
Falter ist bei den
Scheckenfaltern oft
schwierig. So ähneln
die Männchen des Öst-
lichen Scheckenfalters
dem verwandten Ehrenpreis-
Scheckenfalter (*Melitaea aurelia*,
s. Zeichnung). Auch die richti-
ge Zuordnung der Raupen
zur Falterart ist nicht ein-

ähnlicher Falter
Melitaea aurelia

fach. Wirklich sicher kann man nur sein, wenn man
Raupen züchtet und sie zu Faltern entwickeln läßt.
Und es ist manchmal nicht leicht, die Futterpflanzen
der Raupen herauszufinden. Denn oft werden Pflan-
zen, auf denen Raupen sitzen, auch für deren Futter-
pflanzen gehalten. Dies stimmt aber nicht immer.
Die Raupen des Östlichen Scheckenfalters fressen an
Großem Ehrenpreis und Kleinem Klappertopf.

Veilchen-Scheckenfalter
Euphydryas cynthia

Der Veilchen-Scheckenfalter (Männchen s. Foto, Weibchen s. Zeichnung) ist in den Alpen und Voralpen eine häufige Art, die eifrig Blüten besucht. Die Raupe lebt vor allem am Gemeinen Frauenmantel und am Alpen-Wegerich, aber auch an Veilchenarten. Sie ist schwarz mit gelben Einschnitten und gelben Seitenstrichen, ihr Körper ist borstig schwarz behaart. Die Puppe ist weißgrau mit schwarzer Zeichnung und gelben Strichen. Wie bei den meisten Scheckenfaltern überwintern die jungen Raupen in einem gemeinsamen Gespinst; im zweiten Winter erfolgt die Überwinterung als erwachsene Raupe einzeln an Grasbüscheln oder unter Steinen.

Weibchen mit geöffneten Flügeln

▶ 36 – 44 mm Spannweite

▶ je nach Höhenlage von Mai bis August in einer Generation

▶ **Merkmale**
Männchen weiß mit rotbraunen Flecken und Binden, kräftig schwarz gezeichnet; Weibchen einförmig rotbraun

▶ **Vorkommen**
in den Alpen weit verbreitet, obere Höhengrenze bis etwa 3.000 m, in den Voralpen schon ab 600 m; auf Bergwiesen, grasigen Halden und in Latschenbeständen

▶ **Verbreitung**
in den Alpen und Bulgarien

- 42–48 mm Spannweite
- Ende Mai bis Anfang Juli in einer Generation

Merkmale
Oberseite rotbraun mit gelblichen Flecken am Vorderrand der Vorderflügel; die Randbinde auf der Unterseite der Hinterflügel ziegelrot

Vorkommen
meistens auf kleinen Lichtungen in feuchten Laubwäldern, bis etwa 1.000 m

Verbreitung
in lokalen, weit verstreuten Populationen, in Frankreich, Norddeutschland, Südschweden, Baltikum, vom südöstlichen Mitteleuropa bis in die Mongolei

Kleiner Maivogel
Euphydryas maturna

Der Kleine Maivogel ist stark vom Aussterben bedroht, da er als Lebensraum „urtümliche" Laubwälder mit warmen und dabei luftfeuchten Bedingungen benötigt. Solche Wälder müssen sehr licht und gut besonnt sein. Als Futterpflanze für die Raupe muß bodennahes Eschengebüsch vorhanden sein. Nach wie vor dominiert in der Forstwirtschaft aber die schnellwüchsige Fichte, was zu einer „Verdunkelung" der Wälder führt und das Kleinklima stark verändert. In solch einem Wald kann der Kleine Maivogel nicht leben. Die Eier werden in Haufen an der Blattunterseite abgelegt. Die schwarze Raupe ist bestachelt, die gelben Flecken sind zu Längsbinden angeordnet.

Raupe

Skabiosen-Scheckenfalter
Euphydryas aurinia

Der Skabiosen-Scheckenfalter liebt blütenreiche und grasige Stellen der naturnahen Wiesen. Deshalb leidet er besonders unter der Intensivierung in der Grünlandwirtschaft. Denn Maßnahmen wie Entwässerung und Trockenlegung, Einsatz von Kunstdünger, verstärkte Mahd und die Umwandlung ehemals naturnaher Wiesen in Ackerland haben einen starken Rückgang dieser Art verursacht. So ist der Skabiosen-Scheckenfalter im Schwarzwald und im Neckar-Tauberland vom Aussterben bedroht. Als Schutzmaßnahme müssen Feuchtwiesen und Halbtrockenrasen erhalten werden. Dort leben zudem weitere bedrohte Insektenarten.

Falter mit geschlossenen Flügeln

▶ 32–44 mm Spannweite
▶ Mai bis Juli in einer Generation

▶ **Merkmale**
Oberseite braungelb mit rotbraunen Flecken, die schwarze Zeichnung und auch die Färbung ist variabel; Hinterflügel mit schwarzen Punkten in der braunen Binde vor dem Flügelrand; Unterseite heller und kontrastarm

▶ **Vorkommen**
verbreitet, auf feuchten Wiesen, Sumpfflächen und Mooren, bis ca. 1.500 m

▶ **Verbreitung**
Marokko, Algerien, fast ganz Europa, außer Nordosten Englands, Italien und Nordskandinavien

- 38–45 mm Spannweite
- Ende Juni bis Anfang August in einer Generation

- **Merkmale**
  Die Vorderflügel besitzen unterseits große, hellgelbe Randflecke. Beim Weibchen ist die Färbung oft weniger kräftig.

- **Vorkommen**
  im lichten Bergwald, oft an mit Sträuchern bestandenen Bachläufen, in Höhenlagen zwischen 1.000 und 2.500 m

- **Verbreitung**
  in Europa ausschließlich in den Alpen, ostwärts bis nach Sibirien, Nordost-China und Korea

Amur-Scheckenfalter
Euphydryas intermedia

Auf den ersten Blick paßt der Lebensraum dieses Falters nicht zu den typischen Maivogel-Arten, da er lichte Nadelwälder bewohnt. Bei genauerer Betrachtungsweise erkennt man aber, daß innerhalb dieses Lebensraumes vor allem die Lichtungen oder Bachläufe bevorzugt werden. Sommer-

Falter mit geschlossenen Flügeln

trockenheit und lange kalte Winter stellen die gewünschte Klimasituation dar. Die Eiablage erfolgt in Häufchen an die Blattunterseite der Futterpflanze (Blaue Doppelbeere). Die Raupe überwintert, der gesamte Entwicklungszyklus dauert mindestens zwei Jahre. Der deutsche Artname bezieht sich auf den Ort, wo dieser Falter zum ersten Mal entdeckt und beschrieben wurde.

Schachbrett
Melanargia galathea

Die Gruppe der Augenfalter, zu denen das Schachbrett gehört, ist durch einen oder mehrere Augenflecken gekennzeichnet, die sich meist auf der Unterseite der Flügel befinden. Bei manchen Arten findet sich ein auffälliger Augenfleck unterseits auf der Vorderflügelspitze. Wird in Ruhestellung der Vorderflügel vorgezogen, so wird dieser Augenfleck plötzlich sichtbar und kann einen Feind irritieren. Die Raupen unserer einheimischen Augenfalter fressen alle an Gräsern. Nur nachts frißt die Raupe des Schachbretts an Lieschgras, Honig- oder Knäuelgras. Die Überwinterung erfolgt als Eiraupe, also als frisch geschlüpfte Raupe, oder nach der ersten Häutung im zweiten Raupenstadium.

Männchen mit geschlossenen Flügeln

- ▸ 40 – 50 mm Spannweite
- ▸ Ende Juni bis August in einer Generation

▸ **Merkmale**
beide Flügelpaare oberseits schachbrettartig schwarz-weiß gemustert; Unterseite der Hinterflügel vor dem Rand mit dunkler Binde; mit kleinen Augenflecken; Weibchen größer als Männchen

▸ **Vorkommen**
Grasland, Trockenhänge, Waldränder und Waldlichtungen

▸ **Verbreitung**
Nordafrika, von Nordostspanien in fast ganz Europa bis in den Transkaukasus; nicht in Norddeutschland

- 60 – 70 mm Spannweite
- Anfang Juni bis Mitte September in einer Generation

- **Merkmale**
  Oberseite dunkelgraubraun, mit einem gelblichweißen Band (eine sichere Bestimmung ist nur durch Untersuchung des Genitalapparates möglich)

- **Vorkommen**
  Waldränder, lichte Wälder, mit Übergang zu trockenen Wiesen

- **Verbreitung**
  von Nordspanien über Südfrankreich, Mittel- und Südeuropa bis zum Ural und Westkasachstan

Großer Waldportier
Hipparchia fagi

Die Männchen dieses stattlichen Schmetterlings zeigen Territorialverhalten in den Baumwipfeln, d. h. jedes Männchen bewohnt ein festes Gebiet und verteidigt es gegen Rivalen. Die Falter fliegen am frühen Vormittag und in den späten Nachmittagsstunden. Während der Mittagshitze verstecken sie sich unter schattenspendenden Ästen. Als „südländische" Art kommt der Große Waldportier nördlich der Alpen nur in sogenannten „Wärmeinseln" vor, z. B. am Kaiserstuhl in der Pfalz. Hier gilt er, vor allem wegen der intensiven Forstwirtschaft, als stark gefährdet. Die gelblichbraune Raupe frißt an Trespen und anderen Gräsern.

Raupe

Kleiner Waldportier
Hipparchia alcyone

Die Falter fliegen vormittags und am späten Nachmittag. Sie sonnen sich mit zusammengeklappten Flügeln auf Waldwegen oder vegetationsfreien Stellen von Magerrasen, indem sie – schräg sitzend – ihre Flügelunterseiten der Sonne zuwenden. In der Mittagshitze suchen sie schattige Orte auf. Die Männchen zeigen im niedrigen Bodenbewuchs territoriales Verhalten. Die bräunlichen Raupen mit der schwarzen Rückenlinie sind nachtaktiv und fressen an Hartgräsern, fast ausschließlich an Fieder-Zwenke. Der Kleine Waldportier war immer schon sehr selten, da er von Natur aus ein sehr eingeschränktes Verbreitungsareal besitzt. Die Art ist in Mitteleuropa vom Aussterben bedroht.

Raupe

▶ 60 – 70 mm Spannweite
▶ Juli und August in einer Generation

▶ **Merkmale**
Oberseite graubraun, auf den Vorderflügeln eine gelbliche Binde mit zwei unterschiedlich großen Augenflecken; Weibchen etwas größer als das Männchen

▶ **Vorkommen**
lokal an trockenen und sandigen Stellen in lichten Kiefernwäldern, in der Lüneburger Heide und Südwestdeutschland; im Hügelland bis 1.500 m

▶ **Verbreitung**
Marokko, Südwest-, Mittel- und Osteuropa

- 48–60 mm Spannweite
- Juni bis September in einer Generation

Merkmale
Grundfarbe oberseits rostbraun; in der gelben Binde der Vorderflügel befinden sich zwei dunkle weiß gekernte Augenflecken; Weibchen größer als das Männchen

Vorkommen
sandige, trockene Stellen, wo die Falter gerne auf dem Boden oder an Felsen in praller Sonne sitzen

Verbreitung
in fast ganz Europa, außer Nordskandinavien; auf den Britischen Inseln meist nur in den Küstengebieten

Ockerbindiger Samtfalter
Hipparchia semele

Die Falter haben ein kompliziertes Balzspiel entwickelt: Das Männchen fliegt blitzschnell ein Weibchen an und verfolgt es. Beide setzen sich dann, das Männchen vor dem Weibchen,

Weibchen mit geöffneten Flügeln

wobei es in schnellem Wechsel die Vorderflügel öffnet und schließt. Schließlich hakt das Männchen den Begattungsapparat ein und mit abgewandtem Körper erfolgt die Kopulation. Die erwachsene Raupe steigt in der Abenddämmerung zum Fressen empor, stellt aber die Nahrungsaufnahme mit Beginn des nächtlichen Taufalls wieder ein. Sie lebt an Schwingelarten, Aufrechter Trespe und anderen Grasarten und ist sogar an frostfreien Wintertagen aktiv.

Eisenfarbiger Samtfalter
Hipparchia statilinus

Der Eisenfarbige Samtfalter gilt in weiten Teilen Mitteleuropas als verschollen; als Bewohner trockenwarmer Sandgrasheiden im Süden konnte er dort die letzten 50 Jahre nicht mehr nachgewiesen werden. Biotopvernichtung und -einengung durch Aufforstung dürften die Ursachen sein. Die Raupenentwicklung geht mit dem Wachstum der Futterpflanzen, v.a. Silbergras, aber auch Schafschwingel und Einjähriges Rispengras, einher. Während der Monate Dezember und Januar herrscht Winterruhe, im Februar beginnt die Raupe bei Temperaturen über 5° C wieder zu fressen. Mitte Juni bevorzugt sie die nahrhaften Blütentriebe. Im Winter ist die Raupe tagaktiv, im Sommer während der Nacht.

Weibchen mit geöffneten Flügeln

- 45 – 48 mm Spannweite
- Juli bis September in einer Generation

- **Merkmale**
  Oberseite des Männchens dunkelbraun, fast einfarbig, mit blinden Augenflecken auf den Vorderflügeln; Unterseite mehr graubraun, die Vorderflügel mit zwei gelb gerandeten Augenflecken. Oberseite des Weibchens heller, Unterseite der Hinterflügel hell, grau

- **Vorkommen**
  lokal in sandigen, trockenen Gegenden, auch in lichten Wäldern

- **Verbreitung**
  Nordafrika, Südeuropa, ostwärts bis nach Vorderasien

- 46 – 58 mm Spannweite
- Juni bis September in einer Generation

- **Merkmale**
  Vorderrand der Vorderflügel hell ockerfarben; beim Männchen Hinterflügel-Unterseite mit einem kompakten, dunkelbraunen Fleck

- **Vorkommen**
  an trockenen, sonnigen Stellen in Steinbrüchen, steppenartigen Wiesen und felsigen Hängen

- **Verbreitung**
  Nordafrika, vom östlichen Südspanien über Südfrankreich, Teilen Italiens und Osteuropa bis nach Nordwestchina

Berghexe
Chazara briseis

Die Berghexe (Männchen s. Foto, Weibchen s. Zeichnung) ist insgesamt eine stark gefährdete Art, die in vielen Gebieten Mitteleuropas bereits als ausgestorben oder zumindest verschollen gilt. Über die Ursachen dieses Rückganges kann nur spekuliert werden, denn es gibt kaum Angaben über die Vermehrungsrate dieses Falters. Eine mögliche Ursache könnte die Verbuschung der Landwirtschaft durch Aufgabe von Beweidung durch Schafe und Ziegen und die damit verbundene Veränderung des bodennahen Kleinklimas sein.

Weibchen mit geschlossenen Flügeln

Gletscherfalter
Oeneis glacialis

Die Männchen des Gletscherfalters leben in einem festen Territorium und verteidigen ihr Revier vehement gegen Artgenossen, meist von einer erhöhten Sitzwarte eines freiliegenden Felsens oder größeren Steins aus. Die Falter besuchen zur Nektaraufnahme gerne Blüten, oft sind sie auf Polsternelken zu beobachten. Die Eiablage erfolgt einzeln an dürren Halmen hochgebirgstypischer Gräser, v. a. Schaf-Schwingel. Die Raupe ist rötlichbraun mit schwarzen Rücken- und Seitenlinien, das Hinterende ist in zwei kurze Afterspitzen ausgezogen. Sie überwintert meist zweimal; die rundliche Puppe liegt frei in der Erde. Die Falter treten nur jedes zweite Jahr häufiger in den Alpen auf.

Männchen mit
geöffneten Flügeln

▶ 46 – 55 mm Spannweite
▶ Ende Mai bis Mitte August in einer Generation

▶ **Merkmale**
Vorderflügel mit einem bis zwei, Hinterflügel mit einem dunklen Augenfleck; Adern der Hinterflügel-Unterseite weiß

▶ **Vorkommen**
trockene Grasstellen zwischen Felsen und Geröll; von 1.400 m bis nahezu 3.000 m

▶ **Verbreitung**
Alpen

- 48–62 mm Spannweite
- Juli bis September in einer Generation

Merkmale
Oberseite dunkel- bis schwarzbraun, auf den Vorderflügeln mit zwei blau gekernten, schwarz umringten Augenflecken; größere Weibchen heller braun

Vorkommen
auf Feuchtwiesen, Quellhängen und sumpfigen Waldwiesen, im Süden auch in lichten Wäldern; bis ca. 1.500 m

Verbreitung
Von Nordspanien über Südeuropa nach Osten bis Japan; nicht in Süditalien und auf dem Balkan

Blauäugiger Waldportier
Minois dryas

Die Falter fliegen in langsam hüpfendem Flug von Juli bis September. Zur Eiablage sucht das Weibchen im August ungemähte Bereiche mit einzelnen, herausragenden Gräsern auf. Die Raupen sind Einzelgänger und leben an verschiedenen Gräsern, u.a. an Glatthafer, Aufrechte Trespe, Pfeifengras und Seggen. Die Überwinterung erfolgt als Raupe an der Futterpflanze. Zur Verpuppung gräbt die Raupe im Frühsommer ein oben offenes Loch in die Erde. In diesem Loch findet man die Puppe dann frei am Boden liegend. Infolge der Biotopvernichtung durch Entwässerung von Feuchtgebieten sowie der Nutzungsintensivierung durch Düngereinsatz und Aufforstung ist der Blauäugige Waldportier stark gefährdet.

Raupe

Weißer Waldportier
Brintesia circe

Die Falter besuchen gerne violette Blüten. Sie können aber auch auf Baumrinden mit ausfließenden Baumsäften beobachtet werden. Die Eier werden auf dem Boden verstreut abgelegt. Die nachtaktiven Raupen fressen an

Weibchen mit geöffneten Flügeln

Gräsern, wie Lolch- und Trespenarten sowie Schaf-Schwingel. An diesen Futtergräsern überwintern auch die jungen Raupen. Die bräunlichgraue Raupe ist den Waldportierraupen sehr ähnlich und besitzt neben der schwarzen Rückenlinie zahlreiche braune Seitenlinien. Der Weiße Waldportier ist stark gefährdet, u.a. durch die Begradigung und Veränderung von Waldsäumen sowie den Erd- und Torfbau.

▶ 60–74 mm Spannweite

▶ Juni bis September in einer Generation

▶ **Merkmale**
Grundfarbe der Oberseite dunkelbraun, mit breiter, weißer Binde über beide Flügel, zum Vorderflügelrand mit schwarzem Augenfleck; Flügelunterseiten weiß-grau gemustert; Weibchen größer als das Männchen

▶ **Vorkommen**
in trockenen, lichten Wäldern, Lichtungen, Waldwiesen, seltener Auen, bis etwa 1.500 m

▶ **Verbreitung**
von Südeuropa über das südliche Mitteleuropa bis zum Himalaya

- 40 – 48 mm Spannweite
- Juli bis August in einer Generation

Merkmale
schwarzbraun mit rotbrauner Binde und darin liegenden, weiß gekernten, schwarz umringten Augenflecken; Unterseite heller, Hinterflügel mit weißer Binde vor den Augenflecken; Weibchen kleiner

Vorkommen
in lichten Wäldern und am Waldrand, lokal häufig

Verbreitung
Südostfrankreich, Teile Italiens, vom südlichen Mitteleuropa ostwärts bis nach Japan, ganz Skandinavien und Baltikum; nicht auf dem Balkan und in Griechenland

Weißbindiger Mohrenfalter
Erebia ligea

Das Weibchen legt die Eier mit Vorliebe im lichten Waldesinneren ab, wobei die Eier einzeln wenige Zentimeter über dem Boden meistens an dürre, aber manchmal

Falter mit geöffneten Flügeln

auch an grüne Pflanzen gekittet werden. Die nachtaktive Raupe ist gelbgrau mit braunem, hell eingefaßtem Rückenstreifen und zwei hellen Seitenlinien. Sie lebt an mageren Gräsern, wie z. B. Aufrechter Trespe, Rot-Schwingel, Waldsegge, Dreizahn und Blaugras. Der Entwicklungszyklus dauert wahrscheinlich zwei Jahre: Die erste Überwinterung erfolgt nach der Eiablage als fertig entwickelte, junge Raupe im Ei. Sie schlüpft im Frühjahr, frißt den ganzen Sommer und überwintert zum zweiten Mal.

78

Graubindiger Mohrenfalter
Erebia aethiops

Der Graubindige Mohrenfalter gehört zu den vier mitteleuropäischen Arten, die auch außerhalb der Alpen vorkommen, in diesem Fall sogar in Sanddünen am Meeresstrand. Dieser Falter wird immer wieder mit dem Rundaugen-Mohrenfalter (s. Seite 80) verwechselt. Beide Arten fliegen aber zu verschiedenen Jahreszeiten: Während der Rundaugen-Mohrenfalter im Frühling, teils noch im Frühsommer fliegt, erscheint der Graubindige Mohrenfalter erst Ende Juli. So kann man sie leicht voneinander unterscheiden. Die Eier werden wie bei allen Mohrenfaltern einzeln an die Futterpflanze abgelegt. Die nachtaktiven Raupen fressen bis Oktober, überwintern versteckt zwischen Gräsern und sind Ende Juni ausgewachsen.

Männchen mit geschlossenen Flügeln

- 38 – 48 mm Spannweite
- Juli bis Anfang September, je nach Höhenlage in einer Generation

Merkmale
Oberseite dunkelbraun, mit rotbrauner Binde auf beiden Flügeln, in dieser weiß gekernte und schwarz umringte Augenflecken; Unterseite heller, Vorderflügel ähnlich der Oberseite

Vorkommen
Waldränder und Waldlichtungen, feuchtes Grasland, im Gebirge bis ca. 2.000 m

Verbreitung
von Südostfrankreich über Mitteleuropa bis nach Westsibirien, auch in Schottland; nicht in Norddeutschland

79

- 40–48 mm Spannweite
- Anfang Mai bis Anfang August in einer Generation

- **Merkmale**
  fast schwarz; auf jedem Flügel eine Reihe orange-gelb umrandeter, schwarzer Augenflecken mit weißem Kern; Unterseite der Fühlerenden gelblichbraun

- **Vorkommen**
  feuchte Wiesen; nasse, grasige, blütenreiche Lichtungen, Waldränder, Schluchten; bis 2.400 m

- **Verbreitung**
  von Mittel- und Ostfrankreich ostwärts bis in die Mongolei und Nordchina; nicht im Norden

Rundaugen-Mohrenfalter
Erebia medusa

Der Falter kann in vielen, recht unterschiedlichen Lebensräumen beobachtet werden. So findet man ihn in verschiedenen trockenen Gegenden, an Wald- und Gebüschrändern, auf Lichtungen und Waldwiesen, auf hoch gelegenen Bergwiesen und sogar in Teich- und Sumpfnähe. Auch seine Eier legt er in diesen Gebieten ab. Die bräunliche bis grünliche Raupe ist nachtaktiv. Sie lebt an Gräsern wie Aufrechter Trespe, Schaf-Schwingel, Fieder-Zwenke und Pfeifengras. Die Überwinterung erfolgt als halberwachsene Raupe in der Streuschicht. Im darauffolgenden Jahr verpuppt sich die Raupe zur beigen Puppe. Diese steht aufrecht in einem Grashorst.

Raupe

Graubrauner Mohrenfalter
Erebia pandrose

Er ist ein Vertre-
ter der arktisch-
alpinen Arten, die
heute nur in den
Alpen und im hohen
Norden vorkommen.
Während der Eiszeit war
er auch noch in Mittel-
europa verbreitet. Mit dem
Rückgang des Eises

Männchen mit geschlossenen
Flügeln

jedoch wurden die Tiere zunehmend isoliert. Die Falter fliegen an sonnigen Tagen über alpinen Wiesen
zwischen Krüppelholzbewuchs, wobei sie auch weit
über die Baumgrenze hinausfliegen. Sobald Wolken
die Sonne verdecken, setzen sie sich sofort nieder.
Die Raupen fressen an verschiedenen Gräsern, v. a.
an Rispengras und Schwingel.

▶ 35 – 48 mm Spannweite
▶ Anfang Juni bis Mitte
August in einer Generation

▶ **Merkmale**
Oberseite schwarzbraun,
die breite rotbraune Binde
der Vorderflügel mit
schwarzen, ungekernten
Flecken; Unterseite der
Hinterflügel silbergrau

▶ **Vorkommen**
in den Alpen zwischen
1.600 und 3.000 m auf
Almwiesen und Matten, in
Fennoskandien in
niedrigeren Lagen

▶ **Verbreitung**
Pyrenäen, Alpen, lokale
Populationen in Jugos-
lawien, Rumänien und im
Norden Skandinaviens

Eismohrenfalter
Erebia pluto

- 42–48 mm Spannweite
- Ende Juni bis Ende August in einer Generation

- **Merkmale**
  Oberseite tief schwarzbraun ohne Augenflecke; die mittlere Region der Vorderflügel mit einer Spur dunkelbrauner Bestäubung

- **Vorkommen**
  auf Geröllfeldern, in Schuttkaren und an vegetationslosen Stellen; von 1.800–3.000 m

- **Verbreitung**
  in den Alpen und am Gran Sasso (Mittlerer Apennin)

Der Eismohrenfalter kommt in vielen unterschiedlichen Flügelfärbungen und -zeichnungen vor (s. Foto und Zeichnungen), die mit der lokalen Verbreitung wechselt. Die Flügelfärbung reicht von einheitlich seidig schwarz über dunkelbraun bis zu gemischt braun/rotbraun gefärbten Populationen. Dabei können die Flügel gänzlich unpunktiert sein oder die typischen, weißgekernten schwarzen Augenflecken besitzen. Die Falter ruhen bei trübem und kühlem Wetter manchmal für längere Zeit mit geöffneten Flügeln auf Felsen. Die Männchen kann man gelegentlich beim Trinken an feuchten Bodenstellen beobachten. Als Futterpflanzen für die Raupen kommen verschiedene Schwingelgräser in Frage.

zwei verschieden gefärbte und gezeichnete Flügel

Ochsenauge
Maniola jurtina

Beim Ochsenauge erscheinen die Weibchen erst sehr viel später im Frühsommer als die Männchen. In langsamem Patrouillenflug fliegen die Männchen den Lebensraum der Raupen ab, wobei sie auf der Suche nach frisch geschlüpften Weibchen immer wieder zwischen die Grashorste hinunterflattern. Dort schlüpfen die Weibchen aus den grünlichen Stürzpuppen, die an Grashalmen befestigt sind. Die Eier werden einzeln in frisch gemähten Wiesen an bodennahe Grasreste geklebt oder einfach fallengelassen. Die Raupen fressen an verschiedenen Gräsern, vorzugsweise Rispen- und Straußgräsern. Die jungen Raupen überwintern, wobei sie auch bei mildem Winterwetter an der Futterpflanze fressen, sich ansonsten aber zwischen den Blättern verkriechen.

Weibchen mit geschlossenen Flügeln

▶ 40–50 mm Spannweite
▶ Ende Mai bis Ende September in einer Generation

▶ **Merkmale**
Oberseite dunkelbraun; Männchen mit kleinem Augenfleck nahe der Flügelspitze; Unterseite der Hinterflügel mit Augenflecken. Weibchen mit gelb- bis rotbrauner Binde und Augenfleck auf den Vorderflügeln

▶ **Vorkommen**
weit verbreitet und überall häufig, auf Wiesen, Grasland, Hecken, Waldrändern und lichten Wäldern

▶ **Verbreitung**
Nordafrika, ganz Europa bis auf den Norden

▶ 36–42 mm Spannweite
▶ Juni bis September in einer
Generation

▶ **Merkmale**
Männchen besitzen auf
der Oberseite der Vorder-
flügel einen schmalen
Duftschuppenfleck; Weib-
chen mit zwei schwarzen
Augenflecken auf Vorder-
flügel

▶ **Vorkommen**
auf trocken-warmen,
steppenartigen Stellen
sowie gebüschreichen und
grasigen Stellen, meist
zwischen Felsen

▶ **Verbreitung**
Nordportugal, Spanien
(außer dem Südwesten),
Südfrankreich, Alpen;
nicht in Deutschland und
Skandinavien

Kleines Ochsenauge
Hyponephele lycaon

Der Verbreitungsschwer-
punkt vom Kleinen Och-
senauge liegt im Osten
Europas; über ein schma-
les alpines „Band" wird
Spanien erreicht. Die Falter (Männchen s. linke
Zeichnung, Weibchen
s. rechte Zeichnung)

Flügel vom Männchen (links) und
Weibchen (rechts)

fliegen sehr schnell, meist recht niedrig über dem
Boden. Außerdem sitzen sie auch gerne auf der Erde,
wo sie mit ihren zusammengeklappten Flügeln hervorragend getarnt sind. An Blüten werden vor allem
Skabiosen besucht. Die relativ großen Eier heftet das
Weibchen an die Futterpflanzen. Die grüne Raupe ist
sehr mobil und anhand ihres zweifarbigen Seiten-
streifens, der oben rot und unten weiß ist,
unverwechselbar. Sie lebt und frißt an mageren Gräsern wie Schwingelarten und Aufrechter Trespe.

Braungerändertes Ochsenauge
Pyronia tithonus

Das Braungeränderte Ochsenauge
wird als gefährdet eingestuft.
Auch diese Art war früher häufiger. Sie ist auf ausgedehnte lichte
(Eichen-)Laubwälder in tieferen
Lagen angewiesen – solche warmen,
luftfeuchten, lichten Eichenmisch-
waldgebiete sind jedoch sehr selten
geworden. Der Falter hält sich gerne an
Brombeerdickichten auf, wo die Männchen ein ausgeprägtes Revierverhalten
zeigen. Die bräunliche Raupe ist meist
während der Nacht aktiv. Tagsüber hält
sie sich am Boden zwischen Grashalmen
versteckt auf. Die Jungraupe überwintert an
der Basis der Grasblätter. Erst im nächsten Jahr verpuppt sie sich.

Raupe

▸ 32–40 mm Spannweite
▸ Juli bis September in einer
Generation

▸ **Merkmale**
Grundfarbe orangegelb bis
rötlichbraun mit breitem
braunem Außenrand, der
schwarze Augenfleck ist
doppelt weiß gekernt;
Unterseite der Hinterflügel
mit gelblicher Binde, in
dieser weiß gekernte
Augenflecken

▸ **Vorkommen**
in trockenen Laubwäldern,
Lichtungen, Waldrändern
und Hecken

▸ **Verbreitung**
sehr lokal in Marokko (Rif),
von der Iberischen Halbinsel über Mitteleuropa bis
in die Westtürkei

- 38 – 48 mm Spannweite
- Juni bis August in einer Generation

- **Merkmale**
  Oberseite dunkelbraun mit kleinen Augenflecken; Unterseite gelblichbraun mit deutlichen, gelb umringten Augenflecken (beim Weibchen ist die Oberseite etwas heller als beim Männchen)

- **Vorkommen**
  an Waldrändern und Waldlichtungen, Gebüsche und Hecken sowie etwas feuchte Grasflächen, vom Tiefland bis 1.500 m im Gebirge

- **Verbreitung**
  Von Nordspanien über Mittel- und Nordeuropa bis nach Nordostchina

Brauner Waldvogel
Aphantopus hyperantus

Der Braune Waldvogel ist weit verbreitet und durchaus nicht selten. Sein langsamer, bedächtiger Flug ist typisch für ihn. Setzt er sich auf Blätter oder Gräser nieder, werden sofort die Flügel zusammengeklappt, so daß die Augenflecken der Flügelunterseiten gut sichtbar sind. Die Eier werden im August über Gräser verstreut, die Jungraupen überwintern an den Futtergräsern und sollen bei mildem Wetter sogar im Winter fressen. Die erwachsene Raupe ist ockerfarben bis gräulich mit schwärzlicher Rückenlinie und kurz behaart. Sie frißt einzeln während der Nacht an Fieder-Zwenke, Rotem Schwingel und vielen anderen Gräsern.

Weibchen mit geöffneten Flügeln

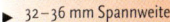

Kleiner Heufalter
Coenonympha pamphilus

Der Kleine Heufalter ist in Mitteleuropa die verbreitetste Heufalterart und praktisch in jeder noch so kleinen Wiesenfläche vertreten. Wann und wieviel Falter der ersten Generation erscheinen hängt stark von der Lokalität und der Höhenlage ab. Die Falter fliegen langsam flatternd, meist dicht über der Bodenvegetation. Die zahlreichen Eier legt das Weibchen einzeln am Stiel oder Blütenstand von Gräsern ab, z. T. nur knapp über dem Boden. Die grüne Raupe frißt vor allem nachts an verschiedenen Gräsern. Die Überwinterung erfolgt als Jungraupe am Boden. Im Frühjahr kann man die grüne, dicke Stürzpuppe des kleinen Heufalters an einem Grashalm befestigt finden.

Raupe

▶ 32–36 mm Spannweite

▶ April (im Süden) bis Ende September in mehreren, nicht scharf getrennten Generationen (in höheren Lagen nur eine Generation)

▶ **Merkmale**
klein; mit gelblichbrauner Oberseite; die Unterseite der Hinterflügel ist grau und mit einer Reihe sehr unterschiedlicher Augenflecken besetzt

▶ **Vorkommen**
auf Wiesen, wobei mageres, nicht überdüngtes Grasland bevorzugt wird

▶ **Verbreitung**
Nordafrika, fast ganz Europa, bis auf den hohen Norden, ostwärts bis in die Westmongolei

- 32–38 mm Spannweite
- Mitte Mai bis Ende August in einer Generation

▶ **Merkmale**
Oberseite der Vorderflügel gelbrot mit breitem, braunen Saum; Hinterflügel dunkelbraun mit schmaler oranger Randbinde und zwei schwarzen, orange umringten Augenflecken

▶ **Vorkommen**
in lichten Wäldern, Auen, Waldrändern und um Gebüsch; am häufigsten im Hügelland

▶ **Verbreitung**
vom Norden der Iberischen Halbinsel über fast ganz Europa bis zum Ural

Weißbindiges Wiesenvögelchen
Coenonympha arcania

Die Männchen dieser Art benötigen vereinzelte, in die Graslandschaft eingestreute Hasel-, Wacholder-, oder Schlehenbüsche, auf denen sie sich nachmittags sonnen. Dort sitzen sie in gut 1 m Höhe mit zusammengeklappten Flügeln, eine Unterseite der Sonne zugewandt und fliegen immer wieder anderen Faltern nach. Diese Büsche benutzen sie gleichzeitig als Schlafplatz. Der Falter gilt zwar nicht als gefährdet, man nimmt aber an, daß er sehr empfindlich auf Düngung, Herbizideinsatz und Mahd reagiert. Die großen Eier werden vom Weibchen einzeln an die Halme von Gräsern, wie Schaf-Schwingel, Fieder-Zwenke und Wolliges Honiggras, geheftet. Die grasgrüne Raupe hat helle Seitenstreifen.

Männchen mit geöffneten Flügeln

Großer Heufalter
Coenonympha tullia

Der Große Heufalter ist etwas größer
als die anderen einheimischen Heufalter und verläßt den extrem blütenarmen
Moorbereich nur auf kurze Distanz. Daher ist es besonders wichtig, daß sich in
der Nähe der Moorstandorte blütenreiche
Flächen wie Streuwiesen zum Nektarsaugen befinden. Durch die Umwandlung solcher Streuwiesen in überdüngte Mähwiesen
oder die Aufforstung mit Fichten ist diese
Art stark gefährdet. Der Falter hat einen hüp-
fenden Flug und besucht u. a. den Großen
Wiesenknopf. Wie beim Weißbindigen Wiesenvögelchen heftet das Weibchen das recht
große Ei an Gräsern an. Die junge Raupe überwintert, erwachsen ist sie grünlich gefärbt und mit
gelben Längsstreifen versehen. Futterpflanzen der
Raupen vom Großen Heufalter sind vor allem verschiedene Wollgräser.

Raupe

▶ 30–35 mm Spannweite
▶ Mitte Juni bis Anfang
August in einer Generation

▶ **Merkmale**
Oberseite kräftig grau-
braun; Vorderflügel ohne
deutliche dunkle Linie am
Außenrand; weiße Binden
der Unterseite deutlich

▶ **Vorkommen**
feuchte Wiesen, Sumpf-
land, Moorgebiete; im
Gebirge bis in mittlere
Höhen

▶ **Verbreitung**
Nordeuropa, von Mittel-
europa ostwärts bis ins
gemäßigte Asien; nicht in
Südengland und im äußer-
sten Norden Skandinaviens

- 32–36 mm Spannweite
- Ende Juni bis Mitte September in einer Generation

- **Merkmale**
  Oberseite blaß ockerbraun, mit breitem braunem Rand oder ganz braun verdunkelt; Augenflecken sind schwarze, teilweise weiß gekernte Punkte ohne Außenringe

- **Vorkommen**
  eine typische Art der alpinen und subalpinen Rasen, meist zwischen 1.400 und 2.400 m (bis gegen 2.900 m)

- **Verbreitung**
  Alpen und Teile Jugoslawiens

Alpen-Heufalter
Coenonympha gardetta

Je nach Herkunft und Höhenlage ist die Oberseite der Flügel heller oder dunkler gefärbt. Dunkle Tiere treten in höheren Lagen auf und sind meist auch kleiner. Die zwei verwandten Arten Alpen-Heufalter und Weißbindiges Wiesenvögelchen (s. Seite 88) sind nicht einfach zu unterscheiden, da sie in vielen ähnlichen Farbvariationen vorkommen. Der Alpen-Heufalter ist standorttreu, saugt gerne an Blüten und sitzt oft auf vegetationslosen Stellen. Sein Flug ist rasch und hüpfend. Bei der Eiablage werden die Eier meist einzeln auf Grasblätter geklebt. Die Raupe findet man auf verschiedensten Gräsern.

Weibchen mit geöffneten Flügeln

Waldbrettspiel
Pararge aegeria

Die Falter saugen bevorzugt an Wasserdost, der längs von Waldwegen wächst, aber auch Stamm- und Astwunden an Bäumen werden oft besucht. Beide Geschlechter sonnen sich gern an Waldwegen oder kleinen Lichtungen, die halb angewinkelten Flügel sind der Sonne zugewendet. Die Männchen verhalten sich dabei territorial: Fliegt ein anderes Männchen vorbei, wird es kurz verfolgt und wie im Spiel umwirbelt, fast stets „gewinnt" der Revierinhaber. Die Eier werden vom Weibchen an verschiedenste Waldgräser angeheftet. Die helle, mattgrüne Raupe mit der weißlichen Schwanzgabel ist tagaktiv. Die Überwinterung erfolgt meistens als Puppe.

Falter mit geschlossenen Flügeln

▶ 40–45 mm Spannweite
▶ März bis Oktober in zwei, seltener in drei Generationen

Merkmale
Oberseite dunkel- bis graubraun mit charakteristischer gelber Fleckenzeichnung; ein Augenfleck vor der Spitze; Hinterflügel mit drei bis vier schwarzen Augenflecken in der orangen Randbinde

Vorkommen
in lichten Wäldern, Schneisen und Waldrändern, die Art ist sehr schattenliebend

Verbreitung
Nordafrika, fast ganz Europa, außer im Norden, ostwärts bis zum Ural

- 38 – 45 mm Spannweite
- April bis Oktober in zwei oder drei Generationen

- **Merkmale**
auffallende dunkelbraune Gitterzeichnung der orangebraunen Oberseite und Randsaum

- **Vorkommen**
an trockenen und sonnigen Felshängen, auf Geröllhalden, in buschreichem Gelände; gern an Mauern und Felswänden, in denen sich die Falter nachts in Ritzen verstecken

- **Verbreitung**
Nordafrika, fast ganz Europa, mit Ausnahme von Schottland

Mauerfuchs
Lasiommata megera

Der deutsche Name „Mauerfuchs" ist durchaus zutreffend, denn man findet die Art gern auf Mauern, Steinbrüchen, Burgruinen, Lößabbrüchen und ähnlichen Stellen. Um ein Weibchen zu finden, benützt das Männchen verschiedene Strategien wie Patroullieren, Warten auf einem Sitzplatz und „hilltopping" (Gipfelbalz, s. Seite 14). Die Eier werden an verschiedene Gräser wie Knäuelgras, Schaf-Schwingel, Fieder-Zwenke angeheftet. Die mattgrüne Raupe ist meist nachtaktiv, wobei die der ersten Generation in einem Monat ausgewachsen sind, die der zweiten Generation jedoch überwintern. Die graugrüne oder schwärzliche Stürzpuppe ist an Pflanzenstengeln angesponnen.

Weibchen mit geschlossenen Flügeln

Braunauge
Lasiommata maera

Ähnlich dem Mauerfuchs sitzen die Falter gerne auf Felsen, Weinbergmauern und unbewachsenen Wegen. Die Männchen errichten auf freien Felsen ihren Ansitz. Hauptflugzeit ist der späte Nachmittag, gern werden Disteln und Witwenblume besucht. Die Eier legt das Weibchen einzeln an Grashalmen ab. Die schlanken, hellgrünen Raupen sind recht beweglich und fressen an allen möglichen Wildgräsern wie Rot-Schwingel, Rispengras, Rotem Straußgras, Schmiele und Honiggras. Die Überwinterung erfolgt als Raupe. Die schwärzliche oder weißlich-grüne Stürzpuppe ist an Grashalmen oder Felsen aufgehängt. Daraus schlüpft der Falter. Das Braunauge ist zwar nicht gefährdet, die Art war aber früher häufiger.

Raupe

▶ 44–52 mm Spannweite
▶ Mai bis September in zwei nicht deutlich voneinander getrennten Generationen

▶ **Merkmale**
die rotbraune Binde der Vorderflügel verschmälert sich nach unten; beim Weibchen ist sie um den Augenfleck heller

▶ **Vorkommen**
weit verbreitet, von der Meeresküste bis ca. 2.000 m in den Alpen; gern in lichten Wäldern und im Hügelland

▶ **Verbreitung**
Marokko, Algerien, von der Iberischen Halbinsel über fast ganz Europa bis West-Sibirien

93

▶ 35–40 mm Spannweite
▶ Juli bis Oktober in einer
  langgestreckten Genera-
  tion

▶ **Merkmale**
Das Weibchen hat auf den
Vorderflügeln einen brei-
ten, orangeroten „Nieren-
fleck", der dem Männchen
fehlt. Die Unterseite ist
orangegelb, mit schwarz-
weißen Querlinien.

▶ **Vorkommen**
in lichten Wäldern, Wald-
rändern, Parks, Buschland;
die Art ist weit verbreitet,
aber nirgends häufig;
im Gebirge nur bis ca.
1.000 m

▶ **Verbreitung**
in fast ganz Europa, außer
im Mittelmeergebiet und
im Norden

Nierenfleck
Thecla betulae

Bei dieser und den fünf folgenden Arten sind die
Hinterflügel geschwänzt; nach diesem Merkmal wird
die ganze Gruppe „Zipfelfalter" genannt. In Verbin-
dung mit Augenflecken dienen die fühlerähnlichen
„Zipfel" zur Irritation von Freßfeinden, indem der
vermeintliche Kopf eines Beutetiers vorgetäuscht
wird. Im Herbst legt das Weibchen die Eier fast
immer in den Winkel kleiner Astgabeln von Pflaume
oder Schlehe ab. Dort überwintern die auffällig
weißkalkigen und nach oben kegelförmig zugespitzten Eier. Die Raupe ist die typische „Bläulings-Assel": Der Körper
erinnert an eine Assel, ist
breit und dick und an den
Enden abgeflacht. Der
Kopf kann zurückgezo-
gen werden, die Beine
sind kurz und die Behaa-
rung ist fein und kurz.

Falter mit geöffneten Flügeln

Blauer Eichen-Zipfelfalter
Neozephyrus quercus

Die im Laubdach der Bäume fliegenden Falter saugen am „Honigtau",
den zuckerhaltigen Ausschei-
dungen von Blattläusen.
Normalerweise kommen
die Falter nur in den Mor-
genstunden und am späten
Nachmittag von den Bäu-
men herunter. Die rötlich-
braunen, asselförmigen

Falter mit geschlossenen Flügeln

Raupen fressen vorwiegend Eichenblüten und nur
ausnahmsweise junge Blätter. Die Verpuppung erfolgt Ende Mai in Rindenritzen oder in der Laubstreu
am Boden. Die Überwinterung erfolgt als kleine Raupe in der Eihülle; das Ei wird auf Zweigen am Blüten-
knospenansatz abgelegt. Der Blaue Eichen-Zipfelfal-
ter gilt zwar als nicht gefährdet, war früher allerdings
häufiger, als noch ausgedehnte Eichenbestände vorhanden waren.

▸ 28 – 34 mm Spannweite
▸ Juni bis August in einer
Generation

▸ **Merkmale**
Oberseite des Männchens
glänzend purpurblau mit
schwarzer Randbinde;
Unterseite grau mit wei-
ßem Querband und oran-
gegelben Flecken am In-
nenwinkel; Weibchen nur
an der Basis der Vorderflügel oberseits purpurblau

▸ **Vorkommen**
an Eichenbestände gebun-
den, wobei die Falter
bevorzugt um die Kronen
der Bäume fliegen

▸ **Verbreitung**
Nordafrika, Europa bis
zum Ural, nicht im Norden

- 27–32 mm Spannweite
- Ende Mai bis Ende Juli in einer Generation

Merkmale
im Vorderflügel des Männchens oben ein Duftschuppenfleck; Männchen und Weibchen haben einen blauen Fleck in der Spitze der Hinterflügel-Unterseite

Vorkommen
trockene, buschbewachsene Gebiete, Waldlichtungen, sonnenexponierte Gebirgswiesen

Verbreitung
Südeuropa und Mitteleuropa, östlich bis Irak, Iran; nicht im nördlichen Mitteleuropa und Nordeuropa

Schlehen-Zipfelfalter
Satyrium spini

Die Falter saugen an den Blüten weißer und gelber Kamillearten, besonders der Färberkamille, aber auch an Dost, Weißer Fetthenne und Kreuzkräutern. Die flachen, weißlich-grauen Eier werden in Häufchen von etwa zehn Stück an die Rinde winziger bis kniehoher Kreuzdornsträucher, häufig um Astgabeln, abgelegt. Diese Eier überwintern. Die erwachsene Raupe ist gelbgrün mit gelblichen Längsstreifen; sie leben stets zu mehreren an den Blattunterseiten der Futterpflanzen. Dies ist fast ausschließlich der Echte Kreuzdorn, aber auch Felsen-Kreuzdorn oder Faulbaum kommen als Fraßpflanzen in Frage.

Weibchen mit geöffneten Flügeln

Eichen-Zipfelfalter
Satyrium ilicis

Falter einer Unterart
mit geöffneten Flügeln

Die Falter bevorzugen bestimmte Bäume, die über viele Jahre hinweg von allen Faltern des Gebietes immer wieder aufgesucht werden. Die Eier werden an Eichenzweigen abgesetzt; die sich in der Eihülle befindliche Jungraupe überwintert.

Die Raupe ist blaßgrün mit gelben Schrägstrichen und feinen rötlichen Haaren, der Kopf ist schwarz. Die braune oder gelbgraue Gürtelpuppe mit drei Reihen dunkler Punkte hängt meist an der Unterseite eines Blattes. Ab Mai fressen sie an Eichenblättern, und zwar an der Blattunterseite, wo sie aufgrund ihrer blaßgrünen Färbung bestens getarnt sind. Die Gürtelpuppe des Eichen-Zipfelfalters ist entweder an der Blattunterseite oder am Boden in der Moosschicht befestigt.

- 28–34 mm Spannweite
- Juni bis Anfang August in einer Generation

- **Merkmale**
  Oberseite einfarbig dunkelbraun, das Weibchen immer mit einem großen, orangefarbenen Fleck auf den Vorderflügeln, der beim Männchen fehlen kann

- **Vorkommen**
  an Eichen in lichter Buschvegetation und am Waldrand

- **Verbreitung**
  lokal auf der Iberischen Halbinsel, sonst in fast ganz Mittel- und Südeuropa; nicht auf den Britischen Inseln

- 26–32 mm Spannweite
- Ende Juni bis Anfang August in einer Generation

- **Merkmale**
  Oberseite dunkelbraun, im Winkel des Hinterflügels zuweilen mit kleinem orangem Fleck; Hinterflügel zweizipfelig; Unterseite ist wenig heller mit weißen Querlinien, auf den Hinterflügeln ein deutliches „W" bildend; die orangerote Randbinde ist schwarz begrenzt

- **Vorkommen**
  in Laubwäldern, Auen, einzelnen Baumgruppen und um Gebüsche

- **Verbreitung**
  von Nordspanien über fast ganz Europa bis Japan; nicht im Norden

Ulmen-Zipfelfalter
Satyrium w-album

Raupe

Die Falter halten sich überwiegend im Kronenbereich von Ulmen auf; gelegentlich versammeln sie sich auf Lichtungen und im Waldsaum auf Doldenblütlern, um Nektar zu saugen. In heißen Jahren kann man die Falter vermehrt an feuchten Stellen des Waldes beobachten. Die Eier weichen in Form und Struktur von denen anderer einheimischer Bläulinge ab: Es ist eine diskusförmige, flache Scheibe mit transparenter, dunkler Mitte und breitem hellem Rand. Die Weibchen legen die Eier an der Basis der Blütenknospen in einer „Vertiefung" zwischen Zweig und Knospe ab. Durch Ulmensterben und Verlust ulmenreicher Auwälder ist die Art gefährdet.

Brombeer-Zipfelfalter
Callophrys rubi

Der Brombeer-Zipfelfalter ist ein schneller Flieger, der aber immer nur über kurze Strecken fliegt. Die Männchen besetzen ein Territorium, welches sie von einer erhöhten „Sitzwarte" aus beobachten. Männchen der eigenen Art wird nachgejagt, nach wenigen Umwirbelungen lassen sich die Eindringlinge aber vertreiben. Die grünen, typisch asselförmigen Raupen besitzen gelbe Längsstreifen; die gelbe Rückenlinie ist schwarz eingefaßt. Futterpflanzen sind v. a. Ginsterarten. Während die anderen Zipfelfalter Ei-Überwinterer sind, überwintert der Brombeer-Zipfelfalter als Puppe im Laub am Boden der Futterpflanze. Die Puppe kann Zirplaute von sich geben. Im nächsten Jahr schlüpft der Falter.

Falter mit geöffneten Flügeln

- 25–30 mm Spannweite
- April bis Juli in einer Generation; in wärmeren Gegenden zwei Generationen von Ende März bis Juni und Juli bis August

- **Merkmale**
  Oberseite einheitlich braun, wobei die Weibchen meist etwas heller sind; Schwänzchen der Hinterflügel sehr kurz

- **Vorkommen**
  überall häufig; sonnige Waldränder, Hecken, trockene Heide- und Ruderalflächen, aber auch Hügel und Moore

- **Verbreitung**
  Nordafrika, ganz Europa bis nach Sibirien

- 25–30 mm Spannweite
- Mai bis Juni und Ende Juli bis Ende August in zwei Generationen (in warmen Gegenden gelegentlich in drei Generationen)

- **Merkmale**
  Färbung und Zeichnung bei Männchen und Weibchen gleich, die Weibchen häufig größer

- **Vorkommen**
  in offenem Gelände; bevorzugt warme, sonnige Magerrasen mit vielen Blüten; typische Pionierart, die neu entstandene Biotope schnell besiedelt

- **Verbreitung**
  Nordafrika, ganz Europa bis Japan

Kleiner Feuerfalter
Lycaena phlaeas

Der Kleine Feuerfalter gehört zu den häufigeren Bläulingsarten und kann an nahezu allen Standorten angetroffen werden. Er ist ein gewandter Flieger, der gewöhnlich einzeln unterwegs ist. Offene Stellen dienen

Weibchen mit geöffneten Flügeln

dem Sonnenbaden und den Männchen (s. Foto) als Revieransitz. Das Revier wird aggressiv gegen andere Männchen verteidigt. Die Eier werden vom Weibchen (s. Zeichnung) einzeln dicht neben den Rand auf die Unterseite bodennaher Ampferblättchen abgelegt. Die Überwinterung erfolgt als junge Raupe an der Unterseite von Blättern, manchmal auch als Falter oder Ei. Die grüne „Bläulings-Assel" mit der rötlichen Rückenlinie frißt an Ampfer- und Knötericharten.

Dukatenfalter
Lycaena virgaureae

Die Flügeloberseite des Dukatenfalters ähnelt der des Großen Feuerfalters (*Lycaena dispar,* s. Tafel „Türkei" auf Seite 214–215), unterscheidet sich aber durch die völlig unterschiedliche Zeichnung der Unterseite der Hinterflügel, so daß er mit keiner anderen Feuerfalterart verwechselt werden kann. Die Weibchen legen ihre Eier an Ampferarten ab, wobei die Raupe erst im nächsten Frühjahr schlüpft. Die grüne typische „Bläulings-Assel" ist nachtaktiv und verpuppt sich im Juni. Während der Dukatenfalter früher häufiger war, muß er heute als gefährdet eingestuft werden, was in erster Linie auf Bestandseinbußen seines Lebensraumes Feuchtgebietes zurückzuführen ist.

Weibchen mit geöffneten Flügeln

▶ 30–35 mm Spannweite
▶ Juni bis August in einer Generation

▶ **Merkmale**
Oberseite des Männchens leuchtend rotgold, Flügel mit schwarzem Randsaum; Weibchen mit weniger zugespitzten Vorderflügeln

▶ **Vorkommen**
Waldlichtungen, Waldränder, feuchte und blumenreiche Wiesen sowie Moore

▶ **Verbreitung**
Nord- und Mittelspanien, Südfrankreich, von den Ostalpen nördlich zum Polarkreis, südlich bis zum Balkan

- 30–38 mm Spannweite
- Ende Juni bis August in einer Generation

▶ **Merkmale**
Oberseite des Männchens rotorange glänzend mit kleinen schwarzen Flecken; Weibchen dunkelbraun, die schwarzen Flecken größer, Unterseite wie beim Männchen

▶ **Vorkommen**
auf blumenreichen Wiesen, an trockenen und warmen Plätzen

▶ **Verbreitung**
Hoher Atlas (Marokko), von Südeuropa bis zum Ural, nordwärts bis zum Baltikum; nicht in Norddeutschland

Violetter Feuerfalter
Lycaena alciphron

Männchen

Dieser Falter heißt auch Ampfer-Feuerfalter. Sein Name weist darauf hin, daß die Raupen verschiedene Ampferarten fressen. In der intakten Natur kommt Ampfer häufig vor, so daß die Raupen recht anspruchslos erscheinen. Dem ist aber nicht so. Denn durch intensive Grünlandbewirtschaftung mit Überdüngung und massive Bekämpfung des „Wiesenunkrautes" Sauerampfer ist der Violette Feuerfalter gefährdet und stark im Rückgang begriffen. Die ausgewachsenen Falter benötigen trockene Standorte mit Quendelpolster oder Luzerne. Manchmal findet man Angaben über Vorkommen in „feuchten Waldwiesen" – dies ist jedoch nicht richtig.

Brauner Feuerfalter
Lycaena tityrus

Raupe

Ähnlich wie der Kleine Feuerfalter ist der Braune Feuerfalter ein „Ansitzwärter", allerdings werden auch kurze Such- und Patrouillenflüge unternommen, um Weibchen ausfindig zu machen. Die Eier werden vom Weibchen einzeln an die Blätter von Sauerampfer abgelegt. Die einfarbig hellgrüne Raupe frißt am Kleinen Sauerampfer und am Wiesen-Sauerampfer. Die Überwinterung findet als junge Raupe statt. Die erwachsene Raupe verpuppt sich an der Nahrungspflanze zu einer glatten, grünlich-braunen oder grauweißen Puppe, die mit kleinen, schwarzen Flecken und einer dunklen Rückenlinie versehen ist. Wenn Wiesen mit Sauerampfer als Futterpflanzen für die Raupen vorhanden sind, ist der Braune Feuerfalter in seinem Bestand nicht gefährdet.

▶ 25–32 mm Spannweite

▶ April/Mai und August/September in zwei Generationen

▶ **Merkmale**
Männchen oben dunkel graubraun, am Flügelrand undeutliche schwarze Flecken; bei entsprechendem Lichteinfall mit grünblauem Schiller; Weibchen oben orange, mit schwarzen Flecken

▶ **Vorkommen**
an blumenreichen Wiesen, Waldlichtungen, Magerrasen und Flußauen (zum Teil in feuchten Wiesen), bevorzugt im Flachland

▶ **Verbreitung**
fast ganz Europa, ostwärts bis zum Ural

▶ 30 – 36 mm Spannweite
▶ Mai bis Juli in einer
  Generation

▶ **Merkmale**
Oberseite des Männchens
tief rotgold glänzend mit
purpurviolettem Schiller
und dunklem Randsaum;
Weibchen orange, weniger
glänzend, Hinterflügel
schwarzbraun

▶ **Vorkommen**
auf Sumpfwiesen, in Moo-
ren und nahe bei Quell-
gebieten

▶ **Verbreitung**
Nordspanien, Mittelfrank-
reich, von den Westalpen
bis zum Ural, nordwärts
bis Fennoskandien

Kleiner Ampferfeuerfalter
Lycaena hippothoe

Falter mit geschlossenen Flügeln

Der Kleine Ampfer-
feuerfalter bevorzugt
im Tiefland Lebensräu-
me, die kühler als die
Umgebung sind. In
den Alpen fliegt er bis
2.000 m an feuchte Stel-
len auf Bergmatten. Die grüne, fein behaarte Raupe ist
nachtaktiv und frißt fast
ausschließlich am Großen
Sauerampfer. Die Art
zeigt eine deutliche Präferenz für größere Grasflächen in Feuchtwäldern und ist somit auch durch
Bestandseinbußen gefährdet. Hauptursache der
Gefährdung sind hierbei Aufforstungen von Waldwiesen und Entwässerung von Feuchtgebieten, aber
auch die Bekämpfung des Sauerampfers als Wiesen-
unkraut.

Zwergbläuling
Cupido minimus

Der Zwergbläuling saugt gern an den Blüten der Pflanzen, an denen auch die Eier abgelegt werden, sowie an anderen Schmetterlingsblütlern. Wie die meisten Bläulinge versammeln sich die Falter auch gern an feuchten Erdstellen. Zur Eiablage sitzen die Weibchen mit gekrümmtem Hinterleib an den Blütenständen des Wundklees und setzen ihre Eier meist an die Kelchblätter ab. Die gräulichgrünen oder blaß ockerfarbenen Raupen bohren sich in die Blüten, wo sie sich von den Samenanlagen ernähren. Die Art ist durch Überdüngung von Magerrasen, was den Rückgang der Raupen-Futterpflanzen (v. a. Wundklee, aber auch andere Schmetterlingsblütler) bewirkt, potentiell gefährdet.

Falter mit geöffneten Flügeln

▶ 20–26 mm Spannweite
▶ im Norden und in den Alpen eine Generation im Juni und Juli, im Süden bisweilen zwei Generationen von April bis September

▶ **Merkmale**
Oberseite dunkelbraun, mehr oder weniger blau bestäubt; bei den Weibchen fehlt die blaue Bestäubung der Oberseite ganz; der kleinste Vertreter der einheimischen Bläulingsarten

▶ **Vorkommen**
Niederungen, Grasland und Magerrasen

▶ **Verbreitung**
fast ganz Europa, ostwärts bis in die Mongolei

- 28–34 mm Spannweite
- April bis Anfang Juli in einer Generation

Merkmale
Beim Männchen sind die Flügeloberseiten blauviolett mit braunen Außenrändern; beim Weibchen schwarzbraun, nahe dem Körper meist blau überstäubt.

Vorkommen
trockene, blütenreiche, buschbestandene Wiesen, Waldlichtungen und Waldränder

Verbreitung
Algerien, Tunesien, von Ostspanien über fast ganz Europa bis Mittelasien; nicht in Norddeutschland

Himmelblauer Steinkleebläuling
Glaucopsyche alexis

Der Himmelblaue Steinkleebläuling (Männchen s. Zeichnung) ist eine ziemlich große Bläulingsart, die trocken-warme Saumbiotope liebt. Er kommt zwar in fast allen großen Naturräumen vor, tritt aber überall nur inselartig und außerdem meist spärlich auf. Das Weibchen (s. Foto) legt die Eier an Blüten und Knospen von Luzerne, Esparsette und Wicken. Die cremefarbene Raupe besitzt drei rötliche Längsstreifen auf dem Rücken und lebt in Symbiose mit verschiedenen Ameisenarten. Die Überwinterung soll im Puppenstadium stattfinden, allerdings fehlen uns bei dieser Art genauere Beobachtungen zum Entwicklungszyklus. Die Art ist v. a. durch zu frühe, vor August stattfindende Mahd gefährdet.

Männchen mit geöffneten Flügeln

Schwarzgefleckter Bläuling
Maculinea arion

Raupe mit Ameise

Der Schwarzgefleckte Bläuling ist ein typischer Vertreter der „Ameisenbläulinge". Die jungen Raupen fressen zunächst Thymianblüten und reifende Samen. Nach der zweiten Häutung lassen sie sich dann zu Boden fallen, wo sie mit einem Drüsensekret Ameisen anlocken, in deren Nester sie gebracht werden. Sie ernähren sich dort von Ameisenlarven und -eiern und revanchieren sich durch Abgabe eines süßen Sekretes. Jede Bläulingsart hat dabei eine ganz bestimmte Ameisenart der Gattung *Myrmica* (Knotenameisen) als Hauptwirt. Durch intensive Wiesennutzung (Düngung), die auch die Wirtsameise gefährdet, ist die Art vom Aussterben bedroht.

▶ 32–40 mm Spannweite
▶ Ende Mai bis August in einer Generation

▶ **Merkmale**
Oberseite leuchtend blau mit breitem schwarzen Saum und schwarzen Flecken; Unterseite grau mit schwarzen, weiß eingefaßten Flecken, Hinterflügel an der Basis blaugrün bestäubt; Fransen gescheckt

▶ **Vorkommen**
in trockenem, grasreichem Gelände; lokal und meist einzeln

▶ **Verbreitung**
von Nordspanien über fast ganz Europa bis nach Japan; nicht in Norddeutschland

- 24–30 mm Spannweite
- Mitte Juni bis Juli in einer Generation

- **Merkmale**
Männchen oberseits intensiv blau, ohne violette Tönung; Unterseite einheitlich hellgrau, mit kleinen schwarzen Flecken

- **Vorkommen**
feuchte bis nasse Wiesen, aber auch trockenere Standorte, Waldlichtungen, grasige Schluchten

- **Verbreitung**
Nordspanien, von Südfrankreich über das südliche Mitteleuropa nach Ost- und Südosteuropa

Kreuzenzian-Ameisenbläuling
Maculinea rebeli

Dieser Falter weist in seinem Namen auf zwei Tatsachen seiner Lebensweise hin: Zum einen ist der Kreuz-Enzian die einzige Futterpflanze der Raupen. Zum anderen wird die Raupe von Ameisen gepflegt: Denn die frisch geschlüpften Raupen lassen sich, nachdem sie nur kurz gefressen haben, von Ameisen in deren Nest tragen und werden dort intensiv gepflegt. Da es in Deutschland nur wenig Stellen gibt, auf denen Kreuz-Enzian wächst, ist dieser Falter vom Aussterben bedroht. Sehr ähnlich wie der Kreuzenzian-Ameisenbläuling sieht der Kleine Moorbläuling *(Maculinea alcon)* aus.

Falter mit geschlossenen Flügeln

Geißklee-Bläuling

Plebeius argus

Auch die Raupe des Geißklee-Bläulings ist stark myr-
mikophil, d. h. „mit Ameisen befreundet". Die meist
in Mehrzahl an Schmetterlingsblütlern fressenden
Raupen sind stets von zahlreichen Ameisen umge-
ben. Diese beschützen die Raupen vor Angriffen
durch Haut- und Zweiflügler, denn die Ameisen be-
wachen die Raupen. Sollten die Ameisen ihr Inter-
esse an der Raupe verlieren, gibt diese sofort süßes
Sekret ab, welches die Ameisen sehr gerne verzeh-
ren. Die Falter (Männchen s. Foto, Weibchen
s. Zeichnung) fliegen auf begrenzten Arealen, dort
aber oft in großer Zahl. Typisch für viele Bläulinge
sind auch die „Übernach-
tungsgesellschaften", zu
denen sich viele Individu-
en einfinden; die Falter
sitzen dabei kopfunter
an Stengeln und Gras-
halmen.

Weibchen mit geöffneten Flügeln

▶ 25–30 mm Spannweite
▶ von Mitte Juni bis Mitte
August in einer Genera-
tion, im Süden zwei Gene-
rationen von Mai bis Juni
und von Juli bis September

▶ **Merkmale**
Oberseite des Männchens
tiefblau mit breitem dunklem Randsaum, Unterseite
grau; Weibchen braun, oft
basal blau bestäubt

▶ **Vorkommen**
Heidegebiete, Grasflä-
chen, Trockenrasen auf
Kalkboden; im Gebirge bis
ca. 2.400 m

▶ **Verbreitung**
fast ganz Europa

Ginster-Bläuling
Plebeius idas

▶ 30–36 mm Spannweite
▶ im Norden und in höheren Gebirgslagen von Ende Juni bis August in einer Generation, sonst von Mai bis Juni und Juli bis August in zwei Generationen

▶ **Merkmale**
Oberseite dunkelblau mit schmalem schwarzem Rand; Unterseite hellgrau, Flecken meist klein

▶ **Vorkommen**
trockenes oder feuchtes Heidegelände, grasreiche Waldlichtungen

▶ **Verbreitung**
in Spanien lokal, sonst außer Britische Inseln, Süditalien und Südgriechenland in ganz Europa

Ähnlich wie beim Geißklee-Bläuling (s. Seite 109) sind auch bei diesem Falter zahlreiche Unterarten bzw. lokale Formen beschrieben worden, die sich in Größe, Flügelfärbung und -zeichnung unterscheiden. Die Falter saugen gern an den Blüten des Hornklees. Wie sein Name schon sagt, kommt er dort vor, wo Ginster stehen. Denn v. a. der Besenginster ist die hauptsächliche Futterpflanze der Raupen. Die Raupen, die im Frühjahr aus dem überwinterten Ei schlüpfen, werden an den Futterpflanzen von Ameisen bewacht. Später verpuppen sie sich sogar im Ameisennest. Die Art ist offensichtlich viel seltener als bisher angenommen wurde.

Raupe

Dunkler Alpenbläuling
Plebeius glandon

Wie der Alpen-Perlmutter-
falter (s. Seite 57) kommt
auch der Dunkle Alpenbläu-
ling hauptsächlich in den
Alpen und im äußersten
Norden Skandinaviens vor.
Kleinere Verbreitungsgebiete
liegen in der Sierra Nevada
und in den Pyrenäen. In der
Sierra Nevada fliegt der Falter
nur zwischen 2.500 und
3.000 m, am Nordkap kommt er im Bereich
zwischen 50 und 900 m vor. Die Männchen legen oft
große Entfernungen zurück, um an feuchten Stellen
zu trinken. Die Falter fliegen sehr schnell und tief,
bei starkem Wind ruhen sie oft zwischen Steinen.

Weibchen
mit geöffneten Flügeln

▶ 28–34 mm Spannweite
▶ Anfang Juli bis Ende
August in einer Generation

▶ **Merkmale**
Männchen silberblau bis
hell grünlichblau, zu den
Rändern hin zunehmend
braun; Weibchen grau-
braun, die schwarzen
Flecken weiß umringt

▶ **Vorkommen**
auf alpinen Matten (spär-
lich bewachsene Kurzgras-
rasen auf felsigem Unter-
grund) bis 3.000 m

▶ **Verbreitung**
Sierra Nevada, Pyrenäen,
Alpen und nördlichstes
Skandinavien

Heller Alpenbläuling
Plebeius orbitulus

- **Merkmale**
  Männchen hell himmelblau; Weibchen braun, basal blau bestäubt und mit blauem Fleck in der Mitte der Vorderflügel

- **Vorkommen**
  in tieferen Lagen blütenreiche, oft feuchte Stellen; in höheren Lagen an blütenreichen Hängen und Gebirgsmatten, bis 2.800 m

- **Verbreitung**
  Alpen, gebirgige Teile Norwegens und Südschwedens

Auch dieser Falter kommt nur in kälteren Gebieten vor. Sein Verbreitungsschwerpunkt liegt in den Alpen, eine weitere Population lebt in Mittelnorwegen. Bei den Weibchen ist die blaue Färbung der Flügeloberseiten unterschiedlich groß und manchmal – besonders auf den Hinterflügeln – sehr ausgedehnt. Auch die Flecken der Unterseite können bei jedem Falter individuell verschieden sein. Der Lebensraum des Hellen Alpenbläulings ist sehr begrenzt, oft sind es nur kleine „Inseln" zwischen Geröll und Felsen. Futterpflanzen der Raupe sind Alpen-Tragant *(Astragalus alpinus)* und Gletscher-Tragant *(Astragalus frigidus)*. Die Jungraupe überwintert.

Weibchen
mit geöffneten Flügeln

Schwarzbrauner Bläuling
Aricia eumedon

Die Eiablage des Schwarzbraunen Bläulings erfolgt ausschließlich an die Blütengriffel, seltener am Blütenboden, von Storchschnabelarten. Meist wird nur ein, seltener mehrere Eier auf eine Blüte abgelegt. Die junge Raupe ernährt sich von den heranreifenden Früchten. Nach der Überwinterung sitzt sie im Vorfrühling am

Falter mit geöffneten Flügeln

Fuß der austreibenden Futterpflanzen und sonnt sich. Die erwachsene Raupe befrißt den Stiel frisch austreibender Blätter, dadurch fallen die Blattspreiten dachziegelartig zusammen und dienen der Raupe als Versteck. Auch diese Raupe wird gern von Ameisen besucht. Dieser Falter gilt als gefährdet, weil er nur auf sehr begrenzten Standorten vorkommt.

▸ 28–32 mm Spannweite
▸ Mitte Mai bis Mitte August in einer Generation

▸ **Merkmale**
Männchen und Weibchen oberseits schwarzbraun; Weibchen mit orangen Flecken am Hinterrand der Hinterflügel

▸ **Vorkommen**
feuchte, blumenreiche Wiesen mit Strauchbeständen, an Waldrändern und Ufern

▸ **Verbreitung**
einige Populationen in Spanien, Südfrankreich und Süditalien, von den Westalpen über Mitteleuropa ostwärts, in weiten Teilen Skandinaviens

113

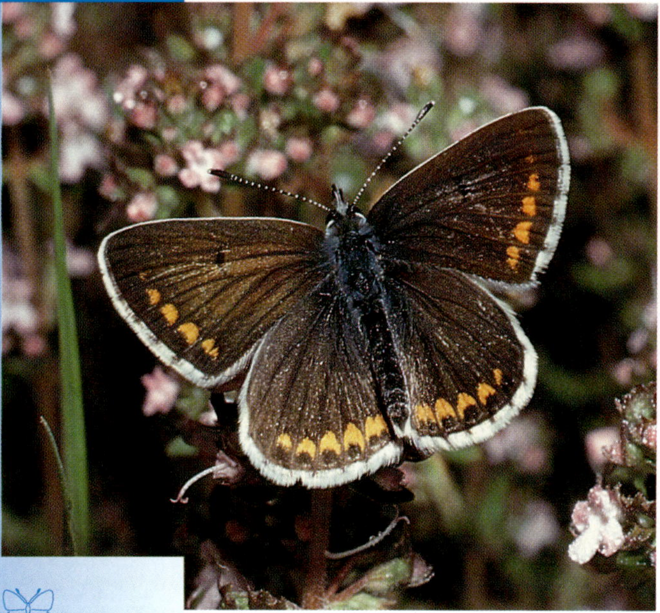

- 22–27 mm Spannweite
- April bis Juni und Juli bis September in zwei Generationen

- **Merkmale**
  Oberseite dunkelbraun ohne Blaufärbung, mit orangen Randflecken; Unterseite graubraun mit großen, orangen Randflecken; die schwarzen Flecken weiß geringt
- **Vorkommen**
  sowohl trockene als auch feuchte, grasige, blumenreiche Stellen
- **Verbreitung**
  Nordafrika, fast ganz Europa bis nach Sibirien, nicht in Irland, Schottland und Skandinavien

Dunkelbrauner Bläuling

Aricia agestis

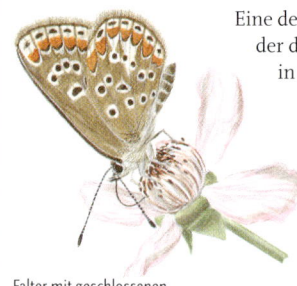

Falter mit geschlossenen Flügeln

Eine der Bläulingsarten, bei der die Flügeloberseiten in beiden Geschlechtern braun sind. Es existiert noch eine Schwesterart *(Aricia artaxerxes)*, von der der Dunkelbraune Bläuling nur schwer zu unterscheiden ist. Auch die Verwechslung mit den ähnlichen Weibchen des Hauhechel-Bläulings (s. Seite 116) ist möglich. Der Dunkelbraune Bläuling fliegt meist in der Nähe von Sonnenröschen und Reiherschnabel. Hauptfutterpflanzen der Raupen sind verschiedene Storchschnabelarten.

Violetter Waldbläuling
Polyommatus semiargus

Die Eiablage des Violetten Waldbläulings findet fast ausschließlich in rotblühenden Kleearten (Roter Wiesen-Klee, Mittlerer Klee) statt. Manchmal legt das Weibchen die Eier auch in die schon voll aufgeblühten Blütenköpfchen. Die junge Raupe frißt zunächst Blüten, nach der zweiten Häutung nimmt sie auch Knospen und junge Blätter an. Die Falter sitzen fast immer auf Blüten. Morgens haben sie dabei die Flügel voll ausgebreitet und schließen sie immer mehr, je kräftiger die Sonne scheint. Bei kühlem Wetter ruhen sie kopfabwärts an Halmen. Auch wenn die Art als nicht gefährdet gilt, deuten die spärlicher werdenden Beobachtungen darauf hin, daß der Bestand des Violetten Waldbläulings abnimmt.

Weibchen mit geöffneten Flügeln

▸ 26–34 mm Spannweite
▸ Mai bis August in einer oder zwei Generationen

▸ **Merkmale**
Oberseite des Männchens violettblau mit schwarzem Rand; Unterseite graubraun mit schwarzen, weiß eingefaßten Flecken; Weibchen ober- und unterseits braun

▸ **Vorkommen**
Blumenwiesen, Grasland und Waldlichtungen sowie grasige Hänge; im Gebirge bis über 2.500 m

▸ **Verbreitung**
Marokko, Populationen in Nordportugal und Nordspanien, ganz Europa bis Nordchina; nicht auf den Britischen Inseln

- 27–34 mm Spannweite
- Ende März bis Anfang November in zwei bis drei Generationen

- **Merkmale**
Vorderflügel-Oberseite des Männchens ohne Duftschuppenfleck; Unterseite in beiden Geschlechtern mit zwei schwarzen Flecken

- **Vorkommen**
sowohl auf trockenen wie auf feuchten Wiesen, in offenem Hügelland

- **Verbreitung**
Nordafrika, ganz Europa bis in die gemäßigten Zonen Asiens

Hauhechel-Bläuling
Polyommatus icarus

Der deutsche Name dieser Art trifft nur eingeschränkt zu, denn die Weibchen legen nur in Ausnahmefällen ihre Eier an Hauhechel ab. In erster Linie erfolgt die Eiablage am Gewöhnlichen Hornklee, einer Futterpflanze der Raupen. Aber auch eine ganze Reihe anderer Schmetterlingsblütler werden von den Raupen während des Tages gefressen. Das Weibchen legt die Eier entweder auf die Blattoberseite oder in das Blütenköpfchen hinein. Die männlichen Falter besetzen eine Sitzwarte, meist auf einem Blütenköpfchen, und jagen vorbeifliegenden Faltern nach. Dürfte bei uns die häufigste Bläulingsart sein.

Raupe

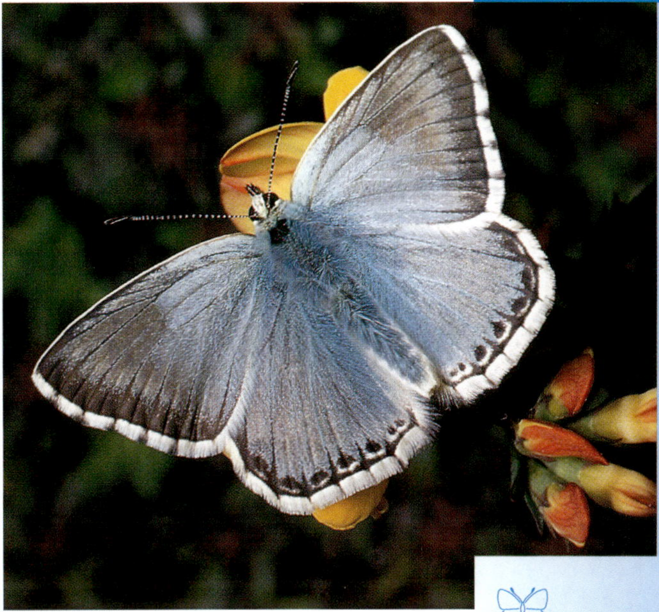

Silbergrüner Bläuling

Polyommatus coridon

- 30–35 mm Spannweite
- Ende Juni bis Anfang September in einer Generation

In Gebieten, in denen reichlich Hufeisenklee vorhanden ist, kommen oft sehr viele Silbergrüne Bläulinge vor. Die Falter setzen sich gern auf Wege, z. B. Kies-, nicht aber auf Asphaltwege, wo sie an feuchten Stellen saugen. In den Abendstunden versammeln sie sich an Plätzen mit hohen Stauden auf engem Raum zu „Schlafgesellschaften". Dann ruhen sie mit zusammengeklappten Flügeln kopfunter an Halmen oder an Dolden der Wilden Möhre. Die Raupen ernähren sich fast ausschließlich von Hufeisenklee und Kronwicke, deren Blätter und Blüten sie fressen. Tagsüber halten sich die Raupen unter Steinen oder im Moos unterhalb der Futterpflanze verborgen.

Weibchen mit geöffneten Flügeln

- **Merkmale**
  Oberseite des Männchens hell silberblau, Hinterflügel mit Randflecken; Oberseite des Weibchens braun, mehr oder weniger blau überstäubt
- **Vorkommen**
  auf warmen Trockenrasen mit Kalkboden, grasige Hänge, Wegränder und Feldraine; weit verbreitet, bis über 2.000 m
- **Verbreitung**
  von Nordspanien über Mittel- und Südeuropa bis zum Ural; fehlt in Norddeutschland

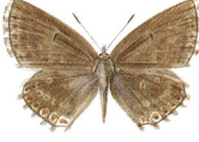

- 28–34 mm Spannweite
- im Mai, Juni und August/ September in zwei Generationen

- **Merkmale**
Oberseite des Männchens leuchtend himmelblau mit feiner schwarzer Randlinie, Hinterflügel mit kleinen dunklen Randpunkten; Weibchen braun, mehr oder weniger blau übergossen, auf den Hinterflügeln orangerote Randflecken

- **Vorkommen**
auf warmen Magerrasen in kalkreichem Hügelland, vom Flachland bis ca. 2.000 m

- **Verbreitung**
fast ganz Europa

Himmelblauer Bläuling
Polyommatus bellargus

Himmelblauer Bläuling (Männchen s. Foto, Weibchen s. Zeichnung), Silbergrüner Bläuling (Seite 117) und Hauhechel-Bläuling (Seite 116) können auf den ersten Blick leicht verwechselt werden. Wichtige Tips

Weibchen mit geöffneten Flügeln

zur Unterscheidung sind: Beim Hauhechel-Bläuling ist der Saum des Flügelrandes rein weiß, bei den anderen besitzt er eine feine schwarze Randlinie. Beim Himmelblauen Bläuling sind die schwarzen Randpunkte der Hinterflügel klein, beim Silbergrünen Bläuling sind sie groß und weiß eingefaßt. Die Raupe vom Himmelblauen Bläuling ist blaugrün mit feinen schwarzen Borsten. Sie frißt an Blüten, hält sich tagsüber aber versteckt. Auch sie wird oft von Ameisen aufgesucht, die von dem Honigtau naschen, der aus ihren Hinterleibsdrüsen ausgeschieden wird.

Grünblauer Bläuling
Polyommatus damon

Das Weibchen legt die Eier gern an den dürren Samen von Esparsetten *(Onobrychis)* ab. Es wurde aber auch schon die Eiablage in die Blattachsel eines abgeblühten Esparsetten-Blütenstandes beobachtet. Das Ei oder die junge Raupe überwintert. Erwachsene Raupen steigen am Spätnachmittag in die Blüten hoch, um an diesen zu fressen. Die Falter saugen gerne Nektar an Blüten von Dost und Disteln und treten im intakten Lebensraum meist zahlreich auf. Der Grünblaue Bläuling ist insgesamt allerdings durch intensive Nutzungsmaßnahmen, wie z. B. Mahd und Beweidung zur Blütezeit der Esparsette, stark gefährdet. Andererseits können diese Flächen als Lebensraum für den Grünblauen Bläuling auch nur durch eine schonende Beweidung erhalten werden.

Weibchen mit geöffneten Flügeln

- ▶ 30–34 mm Spannweite
- ▶ im Juli und August in einer Generation

- ▶ **Merkmale**
  Oberseite des Männchens leuchtend grünblau mit breitem dunklem Rand; Weibchen braun, meist kleiner, mit blauen Schuppen an der Brust und an der Flügelbasis

- ▶ **Vorkommen**
  in gebirgigen Gegenden im Süden, bevorzugt auf Kalkboden an sonnigen Hängen, Brachflächen, Waldränder und Wegraine, fast bis 3.000 m

- ▶ **Verbreitung**
  lokale Populationen z. B. von den Westalpen bis ins südliche Ostdeutschland

Eros-Bläuling
Polyommatus eros

- 26 – 35 mm Spannweite
- Juli bis September in einer Generation

▶ **Merkmale**
Männchen oberseits weißlichblau, glänzend, mit schwarzem Rand; Weibchen braun, basal blau übergossen, mit orangen Randflecken

▶ **Vorkommen**
vorzugsweise auf blütenreichen Alpenmatten, von 1.200 – 2.500 m

▶ **Verbreitung**
lokale Populationen in den Pyrenäen, Südfrankreich, Alpen, Süditalien und Balkan

Weibchen mit geöffneten Flügeln

Männchen und Weibchen des Eros-Bläulings bevorzugen ganz unterschiedliche Lebensräume: Während die Männchen gerne auf Wegen und an feuchten Erdabrissen saugen, findet man die Weibchen fast nie an solchen Stellen. Sie halten sich auf Alpenmatten auf, wo auch die Futterpflanze der Raupen wächst. Stellen mit höherer Vegetation, wo ihre Lieblingsnektarpflanzen, die Flockenblumen und Margeriten blühen, werden bevorzugt. Die Eier legt das Weibchen auf der Oberseite der Teilblättchen von Alpenspitzkiel, Hornklee oder Tragant ab. Die Jungraupen schlüpfen im Spätsommer aus den Eiern und überwintern. Nach der Überwinterung fressen sie die Herzblätter der Futterpflanzen.

Kleiner Würfeldickkopf
Pyrgus malvae

Diese mittelgroßen Dick-
kopffalter fallen durch ihren dicken
Kopf, ihre kräftige Brust und den
bodennahen, schwirrenden Flug
auf. Da sie tagsüber fliegen,
werden sie meist zu den Tagfaltern gerechnet, obwohl sie
eigentlich mit diesen nicht näher
verwandt sind. Viel näher sind
sie mit Fensterschwärmer und
Zünsler verwandt. Die Falter
ruhen häufig mit zusammen-
geklappten Flügeln. Bei den meisten Dickkopffaltern
endet der Fühler nach der keulenförmigen
Verdickung in einem kurzen Haken, der vermutlich
ausgesandte Duftsignale empfangen kann. Die Raupen des Kleinen Würfeldickkopfs leben zwischen
zusammengesponnenen Blättern verschiedenster
krautiger Pflanzen.

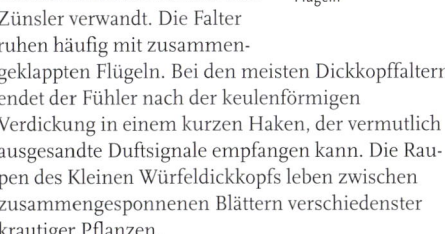

Falter mit geschlossenen
Flügeln

- 22 – 26 mm Spannweite
- April bis Juli in einer
  Generation

- **Merkmale**
  dunkelbraun mit typischen
  weißen Würfelflecken,
  Flügelfransen weiß und
  schwarz gefleckt; Unterseite heller braun, Hinterflügel mit gelblichgrüner
  Tönung, die weißen
  Flecken nicht scharf
  begrenzt

- **Vorkommen**
  weit verbreitet, auf sonnigem Grasland oft häufig,
  bis in ca. 2.000 m

- **Verbreitung**
  fast ganz Europa, außer
  dem Norden der Briti-
  schen Inseln und Nord-
  skandinavien

- 26 – 30 mm Spannweite
- Anfang April bis Oktober in zwei bis drei Generationen

▶ **Merkmale**
Oberseite in verschiedenen Brauntönen marmoriert, Vorderflügel mit kurzen weißen Querbändchen; Männchen auf der Unterseite der Vorderflügel ohne Haarbüschel

▶ **Vorkommen**
trockenwarme, offene, blütenreiche Stellen in Flußtälern, an Wegrändern und Bahndämmen

▶ **Verbreitung**
Mittel- und Südeuropa

Malven-Dickkopffalter
Carcharodes alceae

Der Malven-Dickkopffalter ist in Mitteleuropa die einzige Dickkopffalterart, deren Raupe fast ausschließlich an Malven lebt. Auch die Falter saugen regelmäßig Nektar an Malvenblüten. Die Falter fliegen einzeln, sind nicht ortstreu und wandern in klimatisch günstigen Jahren über die Flußtäler häufig nach Norden. Sobald

Raupe

die Temperaturen sinken, verschwindet die Art dort wieder. In der Schlafstellung unterscheidet er sich von der Mehrzahl der Dickkopffalter: Die Falter schlafen wie die Nachtfalter mit dachziegelartig übereinandergelegten Flügeln. Durch intensive Mahd gefährdet.

Dunkler Dickkopffalter
Erynnis tages

Die Flügeloberseite des Dunklen Dickkopffalters ähnelt der der Würfelfleckfalter (Gattung *Pyrgus*, s. Seite 121). Zur sicheren Unterscheidung genügt ein Blick auf die Flügelunterseite: Die Würfelfleckfalter zeigen hier ein „Puzzle" aus dunklen und hellen Flecken, während der Dunkle Dickkopffalter fast einfarbig dunkel ist. Die Überwinterung erfolgt als erwachsene Raupe in einem großen Schutzgespinst aus Blättern. Dieses Gespinst wird nur nachts zum Fressen verlassen. Die Raupe frißt an verschiedensten Pflanzenarten, z. B. Hornklee, Kronwicke, Mannstreu, Hufeisenklee und Luzerne. Die Verpuppung erfolgt nach der Überwinterung in der Moosschicht.

Raupe

- 25–30 mm Spannweite
- April bis Juni, in günstigen Lagen eine zweite Generation von Juli bis August

- **Merkmale**
  Oberseite dunkelbraun, weißlichgrau überstäubt, Außenrand mit kleinen weißen Punkten, auf den Hinterflügeln ebenfalls weiße Randpunkte; Unterseite gelbbraun

- **Vorkommen**
  weit verbreitet, besonders auf sonnigen und trockenen Hängen (mit wenig Vegetation), Grasland und Waldrändern, in den Alpen bis ca. 2.000 m

- **Verbreitung**
  fast ganz Europa

- 24 – 30 mm Spannweite
- Mai bis Anfang Juli in einer Generation

Merkmale
Oberseite dunkelbraun mit großen, orangegelben Würfelflecken; Unterseite heller braun, Flecken am Hinterflügel gelb; Weibchen mit mehr grauer Grundfarbe

Vorkommen
Lichte Wälder, Auen, Waldränder, Moorwiesen, Blumenwiesen mit Gebüsch; vom Flachland bis über 1500 m.

Verbreitung
Mittel-, Nord- und Osteuropa; fehlt in Norddeutschland und Südschweden

Gelbwürfeliger Dickkopffalter
Carterocephalus palaemon

Die Falter fliegen mitunter in größerer Zahl in einem bodennahen, schwirrenden Flug. Es ist die einzige „braune" Dickkopffalterart, die den Höhepunkt ihrer Flugzeit schon im Mai und Anfang Juni erreicht. Die Eier werden einzeln auf die Oberseite von frisch austreibenden Grasblättern von Trespen, Pfeifengras, Waldzwecke u. a. gelegt. Die dunkelgrüne Raupe spinnt das Blatt zum Schutz röhrenförmig zusammen und verläßt diese „Tüte" nur zum Fressen. Als erwachsene Raupe stellt sie das Fressen ein, verfärbt sich bräunlich wie die welkenden Blätter und überwintert in einem Blattgespinst. Der Bestand des Gelbwürfeligen Dickkopffalters ist zwar nicht gefährdet, früher waren die Falter aber häufiger zu beobachten.

Falter mit geschlossenen Flügeln

Mattscheckiger Braun-Dickkopffalter
Thymelicus acteon

Der kleinste der Braun-Dickkopffalter fliegt oft in großen Schwärmen und besucht gerne die Blüten von Taubenskabiose, Flockenblumen und anderen violetten Blumen. Die Männchen zeigen Revierverhalten, wobei sie gerne junge Schlehen als Ansitzwarten benutzen. Die Eier werden in Gruppen von zehn bis zwanzig Stück am Ansatz der Blätter am Blattstiel dürrer Grashalme abgelegt. Im Ei, dem „Eikokon", überwintert die fertig ausgebildete Raupe. Sie schlüpft im April und beginnt an den Gräsern Fieder-Zwenke und Kriechende Quecke zu fressen. Als gefährdete Art gibt es immer weniger von diesen Schmetterlingen.

Raupe

- ▶ 22–25 mm Spannweite
- ▶ Mitte Mai bis Anfang August in einer Generation

- ▶ **Merkmale**
  Oberseite orangebraun, Männchen auf Vorderflügeln mit schwarzem, strichförmigem Duftschuppenfleck; Weibchen dunkler, mit besser sichtbaren gelblichen Flecken

- ▶ **Vorkommen**
  warme, grasbewachsene, blütenreiche Stellen, oft zwischen Sträuchern

- ▶ **Verbreitung**
  Nordafrika, Süd- und Mitteleuropa; nicht im Norden

- 26 – 30 mm Spannweite
- Ende Juni bis Mitte August in einer Generation

- **Merkmale**
  Oberseite kräftig orange-braun, Außenrand und Adern leicht schwarz-braun. Vorderflügel des Männchens mit dünner, schwarzer Duftschuppen-linie

- **Vorkommen**
  auf Wiesen, blütenreichen Waldlichtungen und -rändern, oft in Gebüsch-nähe

- **Verbreitung**
  Nordafrika, fast ganz Europa, mit Ausnahme des Nordens (Skandinavien)

Ockergelber Braun-Dickkopffalter
Thymelicus sylvestris

Dieser Falter ähnelt sehr dem Schwarzkolbigen Braun-Dickkopffalter (s. Seite 127), jedoch ist die Unterseite der Fühlerkolben bei dieser Art rotbraun gefärbt. Die Falter fliegen in schwirrendem, bodennahem Flug auf der Suche nach nektarreichen Blüten umher, wobei sie oft an Waldrändern, Lichtungen, Bahndämmen und Ackerrändern zu beobachten sind. Das Weibchen legt die Eier in Gruppen von bis zu vierzig Stück an die Blätter von Gräsern. In den Eihüllen überwintert die fertig entwickelte Raupe. Sie schlüpft im Frühjahr und lebt an Honiggras und anderen Gräsern in „Tüten" aus zusammengesponnenen Blättern. Die Verpuppung erfolgt in einem losen Gespinst innerhalb der Blatthülle.

Raupe

Schwarzkolbiger Braun-Dickkopffalter
Thymelicus lineola

Der Schwarzkolbige Braun-Dickkopffalter erscheint frühestens Ende Juni,
im Juli fliegen die meisten Falter und schon
Anfang August nimmt die Anzahl wieder
stark ab. Um paarungsbereite Weibchen
zu finden, starten die Männchen ab dem
späten Nachmittag ihre kurzen Such-
flüge. Das Weibchen legt drei bis zehn
Eier in Gruppen an dürren Blatt-
scheiden oder Grasblütenständen
verschiedener Grasarten ab. Die
Raupe ist der des Ockergelben
Braun-Dickkopffalters
(s. Seite 127) recht ähnlich. Die
junge Raupe lebt völlig versteckt
in einer Röhre, als erwachsene
Raupe bewegt sie sich z. T. frei auf den Blättern von
Gräsern.

Raupe

- ▶ 22 – 26 mm Spannweite
- ▶ Mai bis August in einer Generation

- ▶ **Merkmale**
  Oberseite ockergelb, die schmalen, schwarzen Randbinden sind deutlich, die Adern kontrastreich schwarz beschuppt; Duft-schuppenfleck des Männchens sehr kurz, oft kaum erkennbar

- ▶ **Vorkommen**
  blütenreiche Stellen mit hohen Gräsern, Waldlich-tungen, Felder, Gebüsche

- ▶ **Verbreitung**
  Nordafrika, fast ganz Europa, mit Ausnahme des Nordens (Skandinavien)

▶ 28–32 mm Spannweite
▶ Juni bis Anfang September in einer Generation

▶ **Merkmale**
Das „Komma" im Wurzelbereich der goldbraunen Vorderflügel ist nur beim Männchen vorhanden. Die Weibchen sind dunkler gefärbt, die kräftigeren weißen Flecken auf den Vorderflügeln sind größer.

▶ **Vorkommen**
weit verbreitet, auf Blumenwiesen, Feldrainen und Waldlichtungen, am häufigsten auf kalkreichen Böden

▶ **Verbreitung**
Nordafrika, fast ganz Europa

Kommafalter
Hesperia comma

Der Kommafalter ist weit verbreitet und kommt auf Blumenwiesen, Feldrainen und Waldlichtungen vor. Am häufigsten findet man ihn dort, wo der Boden kalkreich ist und darauf kalkliebende Pflanzen wachsen. Die olivgrüne bis grauschwarze Raupe lebt tagsüber in einem röhrenartigen Gespinst aus Grasblättern. Dieses verläßt sie nur nachts zum Fressen. Futterpflanzen sind verschiedene Wildgräser wie Schaf-Schwingel, Rispengras und Quecke. Die Raupe verpuppt sich in einem festen Kokon, der zwischen Grasstengeln befestigt ist. Daraus schlüpft im Sommer der Falter. Im Herbst legt das Weibchen die Eier einzeln in Bodennähe auf Grasblätter.

Falter mit geschlossenen Flügeln

Rostfarbiger Dickkopffalter
Ochlodes venata

Der Rostfarbige Dickkopffalter fliegt deutlich früher als der Kommafalter und besucht eifrig Blüten von Kratzdisteln, Acker-Witwenblume, Tauben-Skabiose und anderen nektarreichen Blumen. Die Eier werden einzeln auf die Blattoberseite von Gräsern gelegt. Die Raupe ist bläulichgrün mit dunkler Rückenlinie und gelblicher Seitenlinie, der Kopf ist schwarz. Wie bei Dickkopffaltern üblich, spinnt sich die Raupe eine Blatt-Tüte aus Grasblättern von Knäuelgras, Waldzwenke, Wiesen-Rispengras u.a., die innen noch dicht mit Wachs ausgekleidet wird. Sie frißt bis September, überwintert und verpuppt sich Ende Mai in einem Kokon zwischen Blättern.

Falter mit geschlossenen Flügeln

▶ 30–35 mm Spannweite
▶ Juni bis August in einer Generation; im Süden manchmal zwei, oft drei Generationen

▶ **Merkmale**
Oberseite beim Männchen gelbbraun mit schwarzem Schrägstrich auf den Vorderflügeln; beim Weibchen dunkler braun mit helleren Würfelflecken auf beiden Flügeln; dem Kommafalter sehr ähnlich

▶ **Vorkommen**
weit verbreitet und nicht selten, in offenem Gelände, Wiesen, Waldrändern und Parklandschaften

▶ **Verbreitung**
fast in ganz Europa

▶ **Merkmale**
Grundfarbe der Vorderflü-
gel blauschwarz, oft grün
schillernd, mit sehr gro-
ßen, karminroten Flecken,
die in Paaren angeordnet
sind und meist nicht zu-
sammenfließen; Hinterflü-
gel ganz karminrot, mit
schmalem, schwarzem
Saum

▶ **Vorkommen**
in offenem Gelände, Wie-
sen, Magerrasen, sonni-
gem Brachland, Waldrän-
dern, aber auch auf feuchten Wiesen; in den Alpen
bis über 2.000 m

▶ **Verbreitung**
fast ganz Europa

Erdeichel-Widderchen
Zygaena filipendulae

Die auffällige Färbung der Widderchen ist
eine Warnfarbe und signalisiert, daß die Falter ungenießbar sind. Ihre Körperflüssig-
keit und auch die der Raupen und Puppen
enthält schwach giftige Cyanverbindun-
gen. Viele Vögel, die Widderchen das
erste Mal als Beute probieren, lernen den
Ekelgeschmack kennen und meiden sie in
Zukunft. Das Erdeichel-Widderchen
gehört sicher zu den häufigsten einheimischen Widderchen- oder Blutströpfchen-
arten und besiedelt viele verschiedene Lebensräume. Widderchen sind tagaktiv und
fallen durch ihren schwirrenden Flug auf.
In Ruhestellung legen sie die Flügel leicht
dachartig über dem Hinterleib zusammen. Die Raupen der Widderchen sehen, wie die der Bläulinge,
Asseln ähnlich und fressen vor allem an
Schmetterlingsblütlern.

Raupe

Esparsetten-Widderchen
Zygaena carniolica

An ihren Flugstellen treten die Falter oft zahlreich auf und besuchen im Sonnenschein mit Vorliebe Disteln und Skabiosen. Bei kühler Witterung und während der Nacht sitzen sie an Stengeln und Blüten. Oft schließen sich mehrere Falter zu einer sogenannten Schlafgesellschaft zusammen. Ihren Namen verdanken die Widderchen den Fühlern, die am Ende keulenförmig verdickt sind und wie „Widderhörner" getragen werden (s. Zeichnung). Die Raupe des Esparsetten-Widderchens bevorzugt Hornklee und Esparsette.

▶ 28 – 35 mm Spannweite
▶ Juni bis August in einer Generation

▶ **Merkmale**
blauschwarze, grün schillernde Vorderflügel mit sechs roten, gelblichweiß eingefaßten Flecken, der äußerste langgestreckt; hinter dem Kopf zwei gelbe Halskrausen; der Hinterleib mit einem breiten, roten Ring

▶ **Vorkommen**
auf trockenen Wiesen, sonnigen Magerrasen, zwischen Gebüsch oder lichtem Baumbestand

▶ **Verbreitung**
lokale Populationen in Spanien, Mittel-, Süd- und Osteuropa

Fühlerende, stark vergrößert

131

- 28–34 mm Spannweite
- Mai bis August, je nach den örtlichen Verhältnissen, in einer Generation

Merkmale
Farbe der Vorderflügel schwarzblau oder grünlichgrau mit zwei roten, länglichen Flecken an der Basis, zwei roten Flecken in der Mitte und einem größeren roten, nierenförmigen Fleck am Vorderrand

Vorkommen
an warmen, trockenen Stellen, besonders auf Kalkboden, in den Alpen bis über 2.000 m

Verbreitung
Mittel-, Süd- und Osteuropa

Kronwicken-Widderchen
Zygaena loti

Das Kronwicken-Widderchen ist eines der ersten Widderchen, die im Frühjahr fliegen. Es gehört zu den eher flugträgen Arten, die sich auch durch andere Blütenbesucher wie Bienen und Hummeln nicht stören lassen. Die Raupe ist typisch grünlichgelb, asselähnlich und kann mit keiner anderen Widderchenraupe verwechselt werden. Tagsüber hält sie sich versteckt zwischen Moosen auf. Nachts frißt sie an Hufeisenklee, Bunter Kronwicke, Tragant- und Esparsettenarten. Die Raupe verpuppt sich meist in einem typischen Kokon (s. Zeichnung), dessen Enden stark zugespitzt und an Gräsern befestigt sind.

Puppenhülle mit Kokon

Randfleck-Widderchen
Zygaena fausta

Das Randfleck-Widderchen gehört sicher zu den schönsten und auffälligsten einheimischen Blutströpfchen. Man kann die standorttreuen Falter fast immer beim Blütenbesuch oder beim Wechsel von Blüte zu Blüte beobachten. In der allergrößten Mittagshitze suchen sie allerdings für einige Stunden schattige Plätze in den Pflanzen am Boden oder im lichten Laubwald auf. Noch vor zwanzig Jahren waren Meldungen mit über 1.000 Faltern in einem Schwarm keine Seltenheit. Heute ist die Art, die von Natur aus ein sehr eingeschränktes Verbreitungsgebiet besitzt, durch Rebflurbereinigung, Aufforstungen und die damit verbundene Beschattung sowie durch Grünlandintensivierung gefährdet.

Raupe

▶ 22 – 26 mm Spannweite
▶ Juli bis August in einer Generation

▶ **Merkmale**
Grundfarbe der Vorderflügel schwarz, die fünf großen Flecken kräftig hellrot, breit gelblichweiß eingefaßt und dadurch zusammenfließend

▶ **Vorkommen**
lokal an warmen, sonnigen Stellen mit Kalkboden und spärlicher Vegetation

▶ **Verbreitung**
Marokko, Südportugal, Spanien, Frankreich, in der Schweiz und Österreich sehr lokal, ebenso in Süd- und Mitteldeutschland

Thymian-Widderchen
Zygaena purpuralis

- 30–38 mm Spannweite
- Mitte Juni bis Anfang August in einer Generation

Merkmale
Grundfarbe der Vorderflügel grauschwarz mit drei großen Längsflecken; Hinterflügel rot

Vorkommen
weit verbreitet, besonders auf Heide- und Moorwiesen, grasbestandenen Hängen; in den Alpen bis ca. 2.200 m

Verbreitung
lokale Populationen auf den Britischen Inseln, von den Pyrenäen über Mittel- und Südeuropa bis Südrußland; nicht in Norddeutschland

Als einzige mitteleuropäische Widderchenart lebt die Raupe dieser Art nicht auf Doldengewächsen oder Schmetterlingsblütlern sondern auf den Thymianarten Feld- und Sand-Thymian. Nach der Paarung (s. Zeichnung) legt das Weibchen die Eier in großen Gelegen von bis zu 80 Eiern mehrlagig ab. Die Überwinterung erfolgt als junge Raupe, manchmal zweimal. Die Raupen fressen nach der Überwinterung wieder im Frühjahr und sind Ende Mai ausgewachsen. Dann verpuppen sie sich in einem silbergrauen Kokon am Boden.

Paarung

134

Klee-Widderchen
Zygaena trifolii

Das Klee-Widderchen gehört zu den frühesten Arten, da es in manchen Jahren oft schon Ende Mai auftaucht. Auch die ökologischen Ansprüche dieses Falters sind ungewöhnlich, da es als einziges Widderchen auf feuchte Lebensräume angewiesen ist. Es treten oft Falter auf, bei denen alle Flecken miteinander verbunden sind oder die Rotfärbung bis ins Zitronengelbe abgewandelt ist. Besonders beim Weibchen gibt es viele verschiedene Flügelzeichnungen. Um Geschlechtspartner zu finden, werden zwei Strategien angewendet: Während des Nachmittages locken die Weibchen die Männchen mit Hilfe von Sexuallockstoffen (Pheromonen) an, am Morgen suchen die Männchen die Weibchen visuell.

Raupe

▶ 28 – 33 mm Spannweite
▶ Ende Mai bis Mitte August in einer Generation

▶ **Merkmale**
mit fünf großen roten Punkten auf dem Vorderflügel, sie können in den nördlicheren Populationen zusammenfließen

▶ **Vorkommen**
feuchte, blumenreiche Wiesen, Straßenränder, Kalkhügel und Küstengebiete

▶ **Verbreitung**
Nordafrika, von der Iberischen Halbinsel über das nördliche Mitteleuropa bis zum Baltikum, auch im Süden und Westen Englands

- 32–42 mm Spannweite
- Mitte Juni bis Mitte August in einer Generation

- **Merkmale**
  Vorderflügel blauschwarz mit fünf großen, karminroten Flecken; Hinterflügel karminrot mit schmalem schwarzem Saum

- **Vorkommen**
  auf Waldwiesen, Lichtungen, Waldrändern, Trockenhängen und Küstengebieten

- **Verbreitung**
  von Nordspanien über Mittel-, Süd- und Osteuropa bis zum Kaukasus; nicht in Nordskandinavien.

Hornklee-Widderchen
Zygaena lonicerae

Obwohl das Hornklee-Widderchen zu den häufigsten Widderchenarten Europas zählt, kommt es doch an vielen Standorten in geringen Individuenzahlen vor. Meistens werden nur wenige blütenbesuchende Einzeltiere angetroffen. Sie bevorzugen im Gegensatz zum Klee-Widderchen (s. Seite 135) trockene Bereiche, die oft in Hanglagen zu finden sind. Die trübweißen oder grünlichen Raupen sind auffallend lang behaart. Sie bevorzugen verschiedene Kleearten, Esparsette, Wiesen-Platterbse und Hornklee als Futterpflanzen. Die Raupen vom Hornklee-Widderchen fressen im Spätsommer bis zur Überwinterung. Nach einer Ruhepause fressen sie wieder vom Frühjahr an.

Raupe

136

Grünwidderchen
Adscita statices

Das Grünwidderchen ist bei uns die am weitesten verbreitete Art der Gattung *Adscita*. Ansammlungen von Faltern an bestimmten Nektarpflanzen wie der Kuckucks-Lichtnelke sind nicht selten. Die Geschlechter können anhand der Fühler unterschieden werden: Männchen besitzen gekämmte Fühler, die Fühler der Weibchen sind schlank kolbenförmig. Im Juni legen sie die Eier in Reihen auf die Blätter verschiedener Ampferarten (Kleiner und Großer Ampfer). Die Raupen fressen bis zum Herbst, überwintern an der Futterpflanze und sind im nächsten Frühjahr ausgewachsen. Die Verpuppung erfolgt in einem weißlichen Kokon unter Blättern oder am Stengel der Futterpflanze.

Raupe

- ▶ 20 – 28 mm Spannweite
- ▶ Mai bis August in einer Generation

- ▶ **Merkmale**
  Oberseite der Vorderflügel leuchtend metallischgrün, Hinterflügel braun; bei den Weibchen schwankt die Flügelgröße erheblich

- ▶ **Vorkommen**
  auf Wiesen, Heiden, Feuchtgebieten, Niederungen und Waldrändern überall verbreitet und häufig; im Gebirge bis ca. 1.500 m

- ▶ **Verbreitung**
  von Nordostspanien über fast ganz Europa bis Nordwestchina; nicht in Schottland und Nordskandinavien

137

- 10–16 mm Spannweite
- in der Natur fliegt der Falter von Mai bis September, im Haushalt trifft man ihn das ganze Jahr über an

- **Merkmale**
  gelblichbrauner Kleinschmetterling, die Hinterflügel etwas heller bis leicht silbrig; ohne Zeichnung

- **Vorkommen**
  in der Natur in Hecken und Gebüsch, in Höhlen und Lagern von Säugetieren; hauptsächlich in Wohnungen und Lagerräumen

- **Verbreitung**
  weltweit

Kleidermotte
Tineola bisselliella

Die Weibchen legen die Eier an die verschiedensten Stoffe ab, vor allem an Wolle (Kleider, Stoffe, Felle), Haare, Federn und Polster. Nach acht bis zehn Tagen schlüpfen die Raupen und legen sich beiderseits offene Gespinströhren aus ihren Nahrungsstoffen an. Vorne wird gefressen, durch die hintere Öffnung wird der Kot entfernt. Gegen Motten muß man nicht unbedingt gleich chemische Gifte einsetzen. Regelmäßige Kontrolle v.a. länger gelagerter Textilien durch Ausklopfen und Ausschütteln, kühle, trockene Lagerung mit mehrfachem Temperaturwechsel, z.B. im Gefrierfach, und Duftstoffe wie Lavendel, Zedernholz oder Kampfer vertreiben die Schädlinge.

Raupe

Gespinstmotte
Yponomeuta cagnagella

In Europa kommen zehn Arten
vor, die sich in Aussehen und Lebensweise sehr ähnlich sind. Die
vom späten Nachmittag bis in die
Nacht hinein fliegenden Falter
findet man zur Flugzeit vor allem
an den Futterpflanzen der Raupen. Dies sind je nach Art verschiedene Bäume und Sträucher,
auch Fetthennearten. Die Eier werden in dachziegelartig angeordneten Gelegen an glatter Rinde abgelegt, und mit einem erhärtenden,
durchsichtigen Sekret überzogen.

Raupen

Die Raupen leben gesellig in großen, oft schleierarti-
gen Gespinsten (s. Zeichnung), wobei vielfach ganze
Bäume überzogen und kahlgefressen werden. Eine
dauerhafte Schädigung der Bäume durch Raupen-
fraß ist allerdings selten.

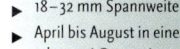

▸ 18–32 mm Spannweite
▸ April bis August in einer
oder zwei Generationen

▸ **Merkmale**
Flügel in Ruhestellung
dachförmig, Vorderflügel
weiß mit dunklen Punkten,
Hinterflügel einfarbig
bräunlich; etwa ein Dut-
zend kaum unterscheid-
barer Arten

▸ **Vorkommen**
Hecken, Waldränder, Gär-
ten, Parklandschaften,
Flußniederungen

▸ **Verbreitung**
fast ganz Europa

▶ **Merkmale**
Vorderflügel goldgelb mit
braunen Längsstreifen, in
der Mitte mit gelber,
dunkel eingefaßter Quer-
binde. Fühler des Männ-
chens bis zu 35 mm lang;
die des Weibchens sind
deutlich kürzer

▶ **Vorkommen**
in feuchten Laub- und
Mischwäldern und an
Ufergehölzen von Flüssen
und Bächen

▶ **Verbreitung**
in der gemäßigten Zone
Europas bis zum Kaukasus

Langhorn-Miniermotte
Nemophora degeerella

Bei Sonnenschein erheben sich vor allem die Männchen zu eigenartigen, auf- und abtänzelnden Flügen,
die für viele Arten (z. B. auch für *Nemophora ochsenheimerella*, s. Zeichnung) aus der Familie der Lang-
hornmotten charakteristisch sind. Männchen und
Weibchen besuchen gerne Blüten. Dort findet auch
oft die Paarung statt. Die Pausen zwischen den Flügen verbringen sie gerne ruhend auf Blättern von
krautigen Pflanzen. Die Raupe lebt vom Herbst bis
zum Frühling auf Buschwind-
röschen. Anfangs lebt sie in
Röhren in den Blättern.
Später findet man sie in
der Laubstreu in einem
aus welken Blattstückchen
zusammengesetzten Sack,
in dem die Raupe sich
nach der Überwinterung
verpuppt.

ähnliche Art *Nemophora
ochsenheimerella*

Hornissen-Glasflügler

Sesia apiformis

Der Hornissen-Glasflügler wird fälschlicherweise oft als Hornissen-„Schwärmer" bezeichnet. Er ähnelt auf den ersten Blick eher einer Hornisse (s. Zeichnung) oder großen Wespe. Diese Vortäuschung eines wehrhaften Insekts ist bewußt, denn durch die gelb-schwarze Warnfärbung ist er gegenüber verschiedenen Freßfeinden, insbesondere Vögeln, gut geschützt. Die Art kommt mit den vom Menschen veränderten Lebensräumen gut zurecht und kann sogar als Kulturfolger bezeichnet werden. Durch seine gute Flugfähigkeit, möglicherweise auch durch Verschleppung mit Jungpflanzen aus Baumschulen, kommt er häufig und weit verbreitet vor.

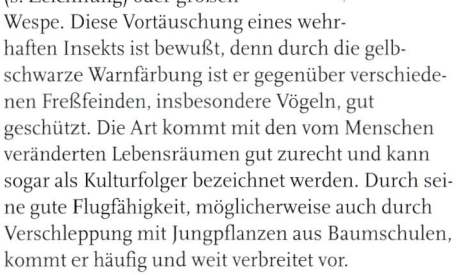

Hornisse

▶ 30–40 mm Spannweite

▶ Mai bis August in einer Generation

▶ **Merkmale**
Flügel mit mehr oder weniger ausgeprägten „Fenstern", durchsichtigen Stellen, die durch Abfallen der Flügelschuppen entstanden sind; Kopf und Brustseiten gelb gefleckt

▶ **Vorkommen**
an Bach- und Flußläufen, in Auwäldern und Parkanlagen

▶ **Verbreitung**
in den wärmeren Gebieten Europas, auch in England und bis Mittelschweden

- 16–18 mm Spannweite
- Juni bis August in einer Generation

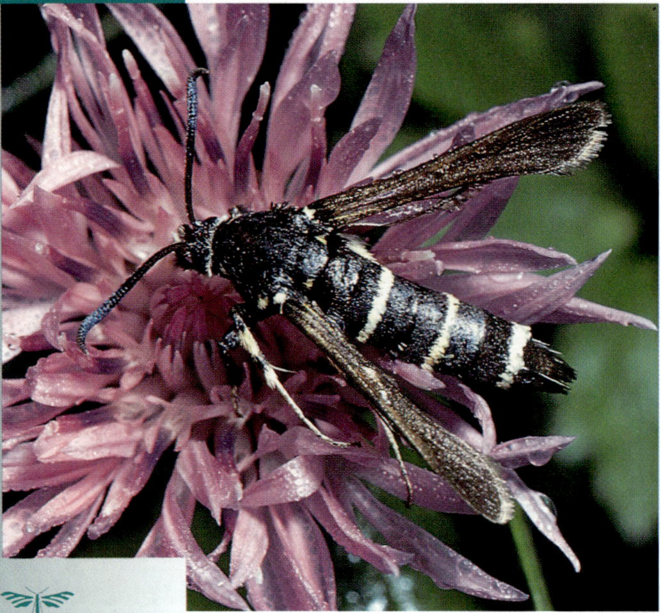

- **Merkmale**
  schlanker, zierlicher Glasflügler; mit drei sehr schmalen, gelben Querbändern auf dem Hinterleib und zwei ebenso schmalen, gelben Längsstreifen auf der Brust
- **Vorkommen**
  Hausgärten und Obstanlagen
- **Verbreitung**
  fast ganz Europa, mit Ausnahme von Nordskandinavien

Johannisbeer-Glasflügler

Synanthedon tipuliformis

Auch diese Art wurde durch den Versand von Johannisbeersträuchern weit verbreitet, zum Leidwesen der Johannisbeer-Anbauer. Denn die Raupe gilt als durchaus bedeutender Schädling an Roter Johannisbeere, aber auch an Schwarzer Johannisbeere, Stachelbeere und der neu gezüchteten Jostabeere. Die Raupe frißt im Mark der Triebe mitunter längere Gänge aus, was zum Verlust ganzer Tragtriebe führen kann und so zu nicht unerheblichen Ertragseinbußen führt. Befallene Johannisbeersträucher sind an der Frühreife der Beeren sowie am Anwelken und an der hellen Verfärbung einzelner Blätter zu erkennen. Am oberen Gangende befindet sich die Puppenwiege mit der Puppe.

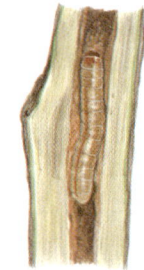

Raupe

Schlehen-Federgeistchen
Pterophorus pentadactyla

Die Falter leben tagsüber in der Vegetation versteckt, lassen sich aber leicht aufscheuchen, so daß man sie auch am Tage recht oft zu Gesicht bekommt. Die eigentliche Flugaktivität wird

Dreifinger-Federmotte

mit dem Einbruch der Dämmerung aufgenommen; nachts kommen die Falter ans Licht. Ähnlich sieht die Dreifinger-Federmotte (*P. tridactyla*, s. Zeichnung) aus. Die blaßgrüne spindelförmige Raupe besitzt weiße, auf den Rückenwarzen bräunliche Haare. Sie lebt von August bis Mai an Ackerwinde, Gemeiner Zaunwinde, Schlehen und Rosen. Nach der Überwinterung frißt sie junge Blätter und Blüten, wobei sie sich bevorzugt an der Blattunterseite und am Pflanzenstengel aufhält. Die Verpuppung findet von Mai bis Juni unter einem Blatt statt.

▶ 28–35 mm Spannweite
▶ Mai bis September in einer Generation

▶ **Merkmale**
Der ganze Schmetterling ist seideglänzend schneeweiß mit einzelnen schwarzen Schuppen. Vorderflügel sind an den Kanten mit langen Fransenschuppen besetzt und gleichen deshalb Federn.

▶ **Vorkommen**
überall und weit verbreitet, in Feldern, ungemähten Wiesen, Gärten, Hecken und buschigem Gelände

▶ **Verbreitung**
mit Ausnahme Spaniens und Portugals in ganz Europa

Huflattich-Federgeistchen
Platyptilia gonodactyla

- 24–30 mm Spannweite
- im Mai und Juni sowie von Juli bis September in zwei Generationen

▶ **Merkmale**
Vorderflügel graubraun bis rötlichbraun mit verstreuter weißer Beschuppung, am Vorderrand befindet sich ein dunkelbrauner, dreieckiger Fleck; Fransen der Vorderflügel mit zwei, die der Hinterflügel mit einem braunschwarzen Flecken

▶ **Vorkommen**
weit verbreitet und häufig, Felder, Äcker, feuchte und waldlose Stellen, vor allem an Wasserläufen

▶ **Verbreitung**
Europa und Kleinasien

Von den braunen Federgeistchen gibt es sehr viele Arten (z. B. auch *Stenoptilia*, s. Zeichnung), deren Unterscheidung nur einem Spezialisten gelingt. Tagsüber verstecken sich die Falter zwischen niedrigen Pflanzen, aus denen sie bei Störung auffliegen, sich aber schon in kurzer Entfernung wieder niederlassen. Wie beim Schlehen-Federgeistchen (s. Seite 143) beginnt die eigentliche Flugaktivität mit Einbruch der Dämmerung. Die Eier werden einzeln an die Blattunterseite der Futterpflanzen Huflattich und Pestwurz abgelegt. Die grünlich-weiße, mit rötlicher Rückenlinie gezeichnete Raupe lebt zuerst in den Blättern. Im Herbst bohrt sie sich in den Stengel der Fraßpflanze.

ähnliche Art *Stenoptilia bipunctidactyla*

Fensterfleckchen
Thyris fenestrella

Das Fensterfleckchen fliegt nur bei Sonnenschein und saugt gerne an verschiedenen Blüten. Zwischen den Nahrungsflügen ruht es mit nach oben gestellten Flügeln auf der Oberseite von Blättern. Die Männchen werden vom Weibchen durch sehr wirksame Sexuallockstoffe angezogen; oft umschwärmen dann mehrere Männchen ein Weibchen. Die Eier legt das Weibchen einzeln an den Blattrand der Gewöhnlichen Waldrebe ab. Sofort nach dem Schlüpfen beginnt die Raupe mit dem Bau der arttypischen Blatt-Tüte. Nach jeder Häutung wird ein etwas anders geformtes Blattröllchen hergestellt. Die Puppe überwintert auf der Erde oder an Zweigen. Für den Schutz der Art ist es notwendig, Waldrebenstandorte und sonnige Auwaldränder zu erhalten.

Raupe

- 14 – 18 mm Spannweite
- Mitte Mai bis Mitte August in einer Generation

- **Merkmale**
  Die dunkelbraunen Flügel sind goldgelb gesprenkelt und besitzen unbeschuppte, glasartig durchsichtige („Fenster") Stellen, die silbrig-weißen Flecken gleichen.

- **Vorkommen**
  lokal und nirgends zahlreich, an warmen Hängen und auf trockenem, sonnigem Ödland

- **Verbreitung**
  in Mittel- und Südeuropa, ostwärts bis Nordchina und Korea

Weidenbohrer
Cossus cossus

▸ 65–80 mm Spannweite
▸ Ende Mai bis August in einer Generation

▸ **Merkmale**
auffallend großer und dicker Nachtfalter; Vorderflügel braun, weißgrau gescheckt mit unregelmäßigen schwarzen Querstrichen; Hinterflügel dunkel graubraun

▸ **Vorkommen**
in Wäldern, Moor- und Ufergebieten, Parklandschaften, Hecken, Alleen

▸ **Verbreitung**
Nordafrika, ganz Europa (soweit, wie das Verbreitungsgebiet der Weiden reicht)

Die Falter des Weidenbohrers sind nachtaktiv. Tagsüber kann man sie ruhend an Stämmen oder dicken Ästen finden. Allerdings sind sie nicht leicht zu sehen, da sich ihre Färbung und Zeichnung hervorragend an die Rinde anpaßt. Die Raupe lebt im Inneren von Stämmen oder dicken Ästen. Zuerst bohrt sie zwischen Rinde und Holz. Später geht sie ins Kernholz, wo sie lange Gänge ausnagt. Sie befällt bevorzugt kranke oder abgestorbene Weiden, Pappeln, Erlen und andere Laubbäume. Man erkennt den Befall an den großen Schlupflöchern, welche die Raupen nagen, und an dem deutlich wahrnehmbaren Essiggeruch. Die erwachsene Raupe wird 10 cm lang.

Raupe

Mondvogel
Phalera bucephala

In Ruhestellung – mit den leicht eingerollten, rindenartig gefärbten Flügeln – ähnelt der Falter einem abgebrochenen Aststückchen, wobei die Mondflecke und der Kopf-Brust-Bereich die Bruchstellen vortäuschen. Etwa 300 Eier legt das Weibchen innerhalb von drei bis vier Tagen in mehreren Gelegen an die Unterseite von Blättern verschiedener Laubbäume. Die jungen Raupen fressen in einer Art „Frontlinie", so sind viele Raupen nebeneinander in einer Linie zu finden. Zunächst schaben sie nur die Oberhaut oder Epidermis des Blattes ab. Später wird dann das ganze Blatt befressen. Als Futterpflanzen kommen verschiedenste Laubbäume wie Pappeln, Weiden, Erlen, Buchen oder Linden in Frage.

Raupe

▶ 42–55 mm Spannweite
▶ Mai bis Juli in einer Generation

▶ **Merkmale**
Vorderflügel silbriggrau mit rostbraunen Querstreifen und einem großen, mondförmigen, gelben Fleck an der Spitze; Hinterflügel gelblichweiß; Brustbehaarung über dem Kopf gelb und bräunlich

▶ **Vorkommen**
in Wäldern, Parks und Gärten, buschreichem Offenland, Ufergehölzen

▶ **Verbreitung**
in ganz Europa, im Norden bis zum Polarkreis

- 22–30 mm Spannweite
- Ende Mai bis Juni und von Anfang August bis Mitte September in zwei Generationen (im Norden nur eine Generation)

- **Merkmale**
Flügelgrundfarbe silbrig glänzend weiß, mit mehr oder weniger ausgeprägter, gelbbrauner Zeichnung

- **Vorkommen**
weit verbreitet, an Teichen, Weihern und Seeufern mit üppiger Vegetation sowie Schwimmblattpflanzen

- **Verbreitung**
mit Ausnahme des hohen Nordens in ganz Europa

Seerosenzünsler
Elophila nymphaeata

Zur Paarung wird das Männchen beim Dämmerungs-Suchflug vom Weibchen durch einen Duftstoff angelockt. Am Tag nach der Begattung legt das Weibchen die Eier an der Unterseite von Schwimmblättern des Laichkrautes ab. Die jungen Raupen fressen an der Blattunterseite und sind somit vom Wasser benetzt. Manche Raupen leben in Gängen im Blatt, andere bauen einen flachen Köcher aus abgeschnittenen und zusammengesponnenen Blattstücken (s. Zeichnung). Dieser Köcher ist mit Wasser gefüllt. Kleinere Raupen atmen über die Haut, größere erneuern ihren Luftvorrat durch gelegentliches Vorstrecken des Körpers über die Wasseroberfläche. Die Verpuppung erfolgt in einem luftgefüllten Köcher unter Wasser.

Raupenköcher unter Wasser

Graszünsler
Catoptria pyramidella

Die Zünsler sind eine sehr formenreiche Familie, deren Bestimmung meist nur durch Fachleute möglich ist. Viele Arten (z. B. auch *Catoptria permutatella*, s. Zeichnung) tragen in Ruhestellung die Flügel steil dachartig über dem Körper zusammengefaltet. Oft sind die Lippentaster am Kopf sehr lang, so daß die Falter eine „Schnauze" haben. Graszünsler sitzen an Grashalmen und fliegen, wenn sie aufgescheucht werden, nur wenige Meter. Die Raupen der Graszünsler sind gestreckt mit großem, glänzendem Kopf und lang beborsteten Punktwarzen. Sie leben meist unter Erdmoos in schlauchartigen Gängen zwischen den Graswurzeln. Dort erfolgt auch die Verpuppung. Man weiß bislang noch sehr wenig über diesen Falter.

▶ 20–25 mm Spannweite
▶ Juni bis August

▶ **Merkmale**
Vorderflügel bräunlich-ockergelb, Innenrand blaßgelb; mit einer schneeweißen, schräg unterbrochenen, am Ende zugespitzten Längsbinde; Hinterflügel braungrau

▶ **Vorkommen**
montane Art, in den Alpen auf Wiesen, bis ca. 2.000 m

▶ **Verbreitung**
Alpen, Sudeten, Livland, Schweden, Finnland

Catoptria permutatella

▶ 21 – 24 mm Spannweite
▶ Juni bis August in einer Generation

▶ **Merkmale**
Vorderflügel perlweiß ohne Zeichnung (es gibt allerdings Formen mit bräunlicher Längsstreifung); Hinterflügel hell graubraun

▶ **Vorkommen**
mäßig feuchte bis trockene Wiesen, Weiden und andere grasbewachsene Stellen, auch in höheren Gebirgsregionen

▶ **Verbreitung**
fast in ganz Europa

Silberzünsler
Crambus perlella

Die Falter des Silberzünslers sind tag- und nachtaktiv und halten sich gerne in Bodennähe auf. Werden sie aufgescheucht, so fliegen sie nur wenige Meter, um sich sofort wieder im Gras zu verstecken. In Ruhestellung (s. Zeichnung) sitzen sie meist kopfabwärts im Grasbewuchs, die Flügel sind seitlich etwas eingerollt. Die Raupen sind meist Grasfresser, manche auch Moosfresser. Sie leben vom Sommer über den Winter bis zum Frühling in mehr oder weniger mit Erde und Pflanzenresten besetzten Gespinströhren in der Grasnarbe. Von hier aus befressen sie nachts Blätter und Stengel, wobei sie bei Massenauftreten durchaus Schaden anrichten können.

Haltung beim Ruhen

Kupferrote Dörrobstmotte
Plodia interpunctella

Die Raupen der Dörrobstmotten sind die am häufigsten in Süßwaren vorkommenden Schädlinge und profitieren heute vor allem durch die „makrobiotische Ernährungswelle": In Müsli-Mischungen fühlen sie sich am wohlsten. Aber auch verschiedenste Nüsse einschließlich Nußschokolade, Sämereien, Getreide, Mehl, Gewürze und Trockengemüse werden gerne genommen. Den Befall eines Nahrungsmittels erkennt man zum einen an der Gespinstbildung, es sieht wie mit Spinngeweben überzogen aus, zum anderen auch an der Gegenwart der kleinen, weißlichen bis leicht grünlichen Schmetterlingsraupen. Einfachstes Bekämpfungsmittel ist der feste Wegschluß solcher Nahrungsmittel in Gläser und Dosen, um einen Neubefall zu verhindern.

▶ 15–20 mm Spannweite
▶ in der Natur von Mai bis September; im Haushalt und Vorratslagern das ganze Jahr

▶ **Merkmale**
Vorderflügel gelblich, braun, rotbraun und schwarzbraun gemustert; die Basis hell gelblich. Hinterflügel mehr oder weniger einheitlich graubraun bis gelbbraun

▶ **Vorkommen**
im Haushalt, in Lebensmittellagern

▶ **Verbreitung**
durch Verschleppung mit Lebensmitteln weltweit verbreitet

Raupe

151

- 32–42 mm Spannweite
- Mai bis Juli in einer Generation

- **Merkmale**
  Flügel schwefelgelb, Vorderflügel vorn mit drei rostbraunen Flecken; ringmakelähnliche Zeichnung in der Mitte; auf den Hinterflügeln eine undeutliche Makel

- **Vorkommen**
  Laubmischwälder, Hecken, Feldgehölze, Gärten, Kulturlandschaft

- **Verbreitung**
  in ganz Europa, ostwärts bis nach Sibirien

Gelbspanner
Opisthograptis luteolata

Der Gelbspanner oder Zitronenspanner fliegt vorwiegend nachts. Tagsüber ruhen die Falter gerne mit leicht ausgebreiteten Flügeln im Blattwerk von Sträuchern. Werden sie aufgescheucht, fliegen sie meist nicht weit und schlagen dann am neuen Zufluchtsort eine Zeitlang die Flügel über dem Rücken zusammen. Dieses Verhalten kann man auch bei anderen Spannerarten beobachten. Die Raupe lebt an Weißdorn, Schlehe, Geißblatt und verwandten Bäumen und Sträuchern. Die Überwinterung erfolgt in der zweiten Generation als Puppe in einem dichten Kokon am Boden.

Raupe

Schlehenspanner
Angerona prunaria

Der vorwiegend nachtaktive Schlehenspanner fliegt auch am Tage, besonders in den Nachmittagsstunden. Mit Vorliebe ruht er mit flach ausgebreiteten Flügeln an der Unterseite von Blättern, von wo er sich leicht aufscheuchen läßt. Die Körperfarbe der Raupe ist variabel und geht von blaß gelblichbraun über graubraun bis rötlichbraun. Manchmal besitzt sie eine Reihe schwärzlicher Punkte und Striche auf Rücken und Seiten. Vorne befindet sich ein kleiner Rückenbuckel, weiter hinten sitzt ein auffälliges Paar langer, spitzer Rückenfortsätze. Als Futterpflanzen dienen verschiedenste Laubgehölze wie Schlehe, Pflaume, Weide und Espe.

Raupe

▶ 35–45 mm Spannweite

▶ Ende Mai bis August in einer Generation, im Süden von Mai bis September in zwei Generationen

▶ **Merkmale**
Oberseite beim Männchen meistens orange, beim Weibchen gelblich bleich; mit feiner graubrauner Querstrichelung

▶ **Vorkommen**
in lichten Wäldern, Hecken- und Moorgebieten, Parklandschaften

▶ **Verbreitung**
in der gemäßigten Zone Europas, bis in den Fernen Osten

Pantherspanner
Pseudopanthera macularia

Die tagfliegenden Falter kann man im hellen Sonnenschein oft in großer Anzahl beim eifrigen Blütenbesuch beobachten. In den Pausen zwischen dem Nektarsaugen setzen sie sich mit Vorliebe auf Gräser oder Blätter von krautigen Pflanzen. Werden sie gestört, reagieren sie mit Flügelschlagen und fliegen meist davon. Die Eiablage erfolgt an den Blättern der Raupen-Nahrungspflanzen. Die schlanke Raupe frißt an Taubnessel, Ziest, Hauhechel, Minze, Gamander und anderen krautigen Pflanzen, vor allem an Lippenblütlern. Sie verpuppt sich in einem mit Erde oder Moos vermischten Gespinst und überwintert dort.

Raupe

Klee-Nacktbeinspanner
Chiasmia clathrata

Der Klee-Nacktbeinspanner heißt auch Gitterspanner. Er fliegt sowohl tagsüber als auch nachts, die Falter sind eifrige Blütenbesucher. Die grüne Raupe ist sehr schlank und besitzt einen breiten, weißen Streifen entlang der Atemöffnungen. Futterpflanzen sind verschiedene Kleearten und Luzerne. Aus den im Mai abgelegten Eiern schlüpfen die Raupen, die sehr schnell wachsen und schon im Juli die Falter der zweiten Generation ergeben. Die etwa im August schlüpfenden Raupen der zweiten Generation verpuppen sich im Herbst und überwintern. Im folgenden Frühjahr im April oder Mai schlüpfen daraus die Falter.

Raupe

▶ 20–28 mm Spannweite
▶ April bis September in zwei, nicht genau trennbaren Generationen

▶ **Merkmale**
Grundfarbe der Flügel gelblich und weiß mit schwarzbrauner Gitterzeichnung; Fransen der Flügel weiß und dunkelbraun gescheckt; Hinterleib weiß geringelt; Fühler sind dünn fadenförmig

▶ **Vorkommen**
häufig, auf Grasland, Feldern, Heiden und Kleeäckern

▶ **Verbreitung**
fast in der gesamten Paläarktis

- 22 – 28 mm Spannweite
- Juni bis August in einer Generation

- **Merkmale**
  Flügeloberseite schwarzbraun mit sehr breiten, orangegelben Querbändern vor dem Außenrand; der Fransensaum ist dunkelgraubraun; die Fühler sind in beiden Geschlechtern borstenförmig und beim Männchen kurz bewimpert

- **Vorkommen**
  auf alpinen Wiesen und in der Knieholzzone, von 900 – 2.700 m

- **Verbreitung**
  im Riesengebirge, in den Karpaten und Alpen

Gelbgebänderter Flachstirnspanner
Psodos quadrifaria

Der Gelbgebänderte Flachstirnspanner, auch Riesengebirgsspanner genannt, gehört in die Gruppe der Hochgebirgsspanner, die inselartig in den europäischen und asiatischen Gebirgen auftreten. Aufgrund dieser nicht

Gemeiner Alpenspanner
Glacies alpinata

zusammenhängenden Verbreitungsgebiete haben sich eine Reihe geographischer Formen herausgebildet. Der Gelbgebänderte Flachstirnspanner ist der farbigste unter ihnen. Seine Stirn ist nur schwach gewölbt (Name!). Die braune Raupe ist gedrungen und hat auf dem elften Segment zwei kleine Höcker. Sie frißt verschiedene niedere Pflanzen.

Großes Jungfernkind
Archiearis parthenias

Im Gegensatz zu den meisten anderen Spannern sind beim Großen Jungfernkind auch die Hinterflügel auffallend bunt gefärbt. Das gleiche gilt auch für das Mittlere Jungfernkind (*A. notha*), dessen Hinterflügel fast identisch aussehen, den Vorderflügeln fehlen aber die schwarzgrauen und weißen Einmischungen. Die Falter gehören zu den ersten aktiven Frühjahrs-Schmetterlingen und fliegen meist am Tage. Zum Aufwärmen sitzen sie oft am Boden. Dort nehmen sie auch Feuchtigkeit auf. Sinken die Temperaturen, werden sie so steif, daß man sie von den Bäumen klopfen kann. Die grüne Raupe mit den feinen gelben Streifen ernährt sich ausschließlich von frisch getriebenen, zarten Birkenblättern.

- ▶ 30 – 40 mm Spannweite
- ▶ Anfang März bis Ende April in einer Generation

- ▶ **Merkmale**
  Vorderflügel graubraun, gelegentlich rötlichbraun mit weißen Einmischungen; Hinterflügel gelb mit großem dunkelbraunem Fleck an der Körperbasis

- ▶ **Vorkommen**
  Waldlichtungen, lichte Nadelwälder, offene Stellen, Birken-Hochmoore

- ▶ **Verbreitung**
  in ganz Europa weit verbreitet, meist in Abhängigkeit von Birken

Raupe

- 20–28 mm Spannweite
- Ende April bis Mitte August in zwei Generationen; in höheren Lagen nur in einer Generation von Mai bis August

- **Merkmale**
  Die weißen Vorderflügel sind großflächig geschwärzt, die weißen Hinterflügel nur mit wenigen schwarzen Flecken versehen.

- **Vorkommen**
  in feuchten Wäldern, Moor- und Ufergebieten, Parklandschaften; im Gebirge bis 1.700 m

- **Verbreitung**
  in der gesamten Paläarktis

Schwarzfleckenspanner
Lomaspilis marginata

Die hauptsächlich nachtaktiven Falter kann man gelegentlich auch am Tage beobachten, wenn sie durch das Unterholz gaukeln oder über schattigen Waldwegen fliegen. Ansonsten ruhen sie tagsüber mit ausgebreiteten Flügeln auf der Ober- oder Unterseite von Blättern. Wenn sie auf dem Blattwerk sitzen, sind sie gefallenem Vogelkot sehr ähnlich. Daher stammt auch der deutsche Name „Vogelschmeißfalter". Die bläulich-grüne bis dunkelgrüne Raupe ist nachtaktiv und versteckt sich tagsüber unter Blättern. Als Futterpflanzen der Raupen kennt man verschiedene Weidenarten, Hasel, Espe und Schwarzpappel. Verpuppung und Überwinterung finden im Boden statt. Normalerweise schlüpfen die Falter im folgenden Jahr, manchmal aber auch erst nach zwei bis drei Jahren.

Raupe

Schwarzaderspanner
Siona lineata

Der Schwarzaderspanner ist sowohl tag- wie auch nachtaktiv. Er besucht bei sonniger Witterung gerne Blumen, ruht aber sonst die meiste Zeit in der Wiesenvegetation. Bevorzugt sitzen die Falter dabei an Grashalmen, wo sie aufgrund ihrer Größe und der hellen Färbung kaum zu übersehen sind. Aufgescheuchte Falter fliegen selten weit. Die Eier werden vom Weibchen reihenweise an Glockenblume, Thymian, Wegerich, Johanniskraut und Löwenzahn abgelegt. Die gelblichgraue Raupe frißt den ganzen Sommer und Herbst über. Sie überwintert bis zum nächsten Frühjahr, erst dann verpuppt sie sich.

Falter mit geschlossenen Flügeln

▶ 35 – 48 mm Spannweite

▶ Ende Mai bis Anfang Juli in einer Generation

▶ **Merkmale**
alle Flügel weiß, die Oberseiten sind ohne Zeichnungen; die schwarzen Adern auf der Unterseite sowie das dunkle Querband und der Mittelfleck der Vorderflügel scheinen durch

▶ **Vorkommen**
Wald- und Moorwiesen, Bachufer, Waldsäume und Bergwiesen; stellenweise nur lokal

▶ **Verbreitung**
in der gemäßigten Zone Europas bis nach Westasien (Amur)

Schwarzspanner
Odezia atrata

- ▶ 23–30 mm Spannweite
- ▶ Ende Mai bis August in einer Generation

- ▶ **Merkmale**
  Flügel einfarbig schwarz; die Fransen an den Spitzen der Vorderflügel sind mehr oder weniger weiß

- ▶ **Vorkommen**
  lokal oft häufig auf Moor- und Waldwiesen, an gras- reichen Waldrändern, in Ufergebieten und auf Berg- wiesen; im Gebirge bis 2.400 m

- ▶ **Verbreitung**
  in Mittel- und Nordeuropa, bis nach Ostasien

Die tagaktiven Falter treten an manchen Stellen in ihrem Lebensraum recht zahlreich auf und sind auf- grund ihrer schwarzen Färbung eine auffällige Er- scheinung. Sie besuchen gerne Blüten und fliegen bis in die Dämmerung hinein. Zwischen den Flügen ruhen sie hauptsächlich an Gräsern, in typischer Haltung mit nach unten hängenden Flügeln. Fühlen sich die Falter bedroht, indem man sie auf- scheucht, schlagen sie unaufhörlich mit den Flügeln, bis die Gefahr vorüber ist. Die abgelegten Eier überwintern. Daraus schlüpft im Frühjahr die grüne, schlanke Raupe, die auf Korbblütlern, wie Kälberkropf und Kerbelarten lebt.

Raupe

Heidekrautspanner
Ematurgia atomaria

Raupe

Die Falter dieser auffälligen Art sind bei Sonnenschein oft in großer Anzahl zu beobachten. Die dunkleren Männchen sind aktiver als die heller gefärbten Weibchen. An kühleren Tagen ruhen sie im niederen Bewuchs und lassen sich leicht aufscheuchen. Wie viele Spannerarten kommen sie gelegentlich nachts an Lichtquellen. Die Eier werden im Juni an Heidekraut, Graue Heide, Glockenheide, Beifuß und anderen niedrigen Pflanzen abgelegt. Die Körperfarbe der Raupe ist sehr variabel von Grün über Graubraun bis Ockerfarben. Sie frißt von Juli bis September und verpuppt sich im Herbst in der Erde.

▸ 22–34 mm Spannweite

▸ Mitte April bis Mitte Juni und Ende Juni bis Anfang September in zwei Generationen; in höheren Lagen nur eine Generation

▸ **Merkmale**
Flügel beim Männchen ockergelb, beim Weibchen gelblichweiß, mehr oder weniger dicht braun gesprenkelt und mit braunen Querbändern

▸ **Vorkommen**
feuchte Moorwiesen und Heiden, Waldlichtungen, Hochmoore

▸ **Verbreitung**
mit Ausnahme des Südens über ganz Europa und Asien verbreitet

Stachelbeerspanner
Abraxas grossulariata

Der Stachelbeerspanner gehörte früher zu den häufig auftretenden Arten, deren Raupen sogar an Stachel- und Johannisbeersträuchern Schäden angerichtet haben. In diesem Jahrhundert gibt es aber immer weniger von diesen Faltern. Er ist heute an vielen Stellen ausgesprochen selten. Die Falter sind vorwiegend dämmerungs- und nachtaktiv, flattern aber gelegentlich auch am Tage um die Sträucher. Meist sitzen sie ruhend an den Blättern. Die gelblichweiße Raupe frißt in Gärten an Stachel- und Johannisbeere, aber auch an vielen anderen Sträuchern. Zur Verpuppung spinnt sie sich mit wenigen Spinnfäden an Ästchen oder Blättern an.

Raupe

- 35–44 mm
- Juni bis Anfang September in einer Generation

- **Merkmale**
  Grundfarbe der Flügel weiß mit Reihen schwarzer Flecken; in der Mitte mit gelbbraunem Querband; auch die Basis der Vorderflügel ist gelbbraun sowie Teile von Brust und Hinterleib

- **Vorkommen**
  feuchte Wälder, Waldränder, Heckengebiete, Ufergehölze, Parklandschaften, Gärten; bis in 1.500 m

- **Verbreitung**
  in fast ganz Europa, mit Schwerpunkt im mittleren und südlichen Teil

Grünes Blatt
Geometra papilionaria

Das Grüne Blatt ist
die größte Art unter
den grünen Spannern.
Die Falter sind in der
Dämmerung und während der
Nacht aktiv. Tagsüber ruhen sie
meist an solchen Blättern, an die ihre Färbung besonders gut angepaßt ist. Die jungen
Raupen sind zunächst braun, verfärben sich aber
nach der Überwinterung grün. Sie sitzen meist an
den Zweigspitzen der Futterpflanze Birke, Buche,
Erle oder Hasel. Bis im Herbst das Laub fällt, fressen
sie und überwintern dann neben einer Knospe angesponnen. Im Frühjahr wird nochmals bis in den Juni
hinein gefressen, dann verpuppt die Raupe des Grünen Blattes sich zwischen Blättern in einem losen
Gespinst.

Raupe

▶ 40–54 mm Spannweite
▶ Mitte Mai bis September
  in einer Generation

▶ **Merkmale**
  Flügel bläulichgrün mit
  zwei gezackten weißlichen
  Querlinien und gleich
  gefärbter Fleckenreihe vor
  dem Saum

▶ **Vorkommen**
  weit verbreitet, aber selten
  in Laub- und Misch-
  wäldern, Moorgebieten,
  Feldgehölzen, Parkland-
  schaften und gehölz-
  reichen Gärten

▶ **Verbreitung**
  in der Laubwaldzone
  Europas und Asiens

Zweipunkt-Sichelspinner
Watsonalla binaria

Die Falter der Sichelspinner, auch Sichelflügler genannt, sind hauptsächlich nachtaktiv. Allerdings fliegen die Männchen dieser Art tagsüber in stürmischem Flug ziemlich hoch in warmen, lichten,
eichenreichen Laubmischwäldern. Sowohl Männchen als auch Weibchen lassen sich von Licht anlocken. Sichelspinner besitzen als Bewohner
ehemals blütenarmer Wälder nur einen kurzen Rüssel, mit dem sie lediglich Flüssig-
keitstropfen, Honigtau und ähn-
liches als Nahrung aufsaugen
können. Die Raupe ist fast ausschließlich auf Eichen als Futterpflanze angewiesen. In Ausnahmefällen ernährt
sie sich von Birke,
Erle und Buche. Die
Puppe überwintert in
versponnenen Blättern.

Raupe

Eichenspinner
Lasiocampa quercus

Während die Weibchen tagsüber
meist in der Bodenvegetation
versteckt bleiben, fliegen
die Männchen am Tage,
meist bei Sonnenschein.
Ihr Flug ist stürmisch und
als Zickzackflug beson-
ders über offenen Land-
schaften gut zu beobach-
ten. Männchen und Weib-
chen kann man gut an den
Fühlern unterscheiden

Fühler vom Männchen (oben)
und Weibchen (unten)

(s. Zeichnung). Das Weibchen setzt die Eier wahllos
im Flug ab. Die wenig wählerischen Raupen fressen
an zahlreichen Laubbäumen und Sträuchern. Sie
sind mit Büscheln graubrauner Haare besetzt, die
recht scharf sind und auf der Haut des Menschen
Entzündungen verursachen können. Die Bestandsentwicklung ist in Mitteleuropa rückläufig.

▶ 45–80 mm Spannweite
▶ Ende Mai bis September in
einer Generation

▶ **Merkmale**
Oberseite des Männchens
dunkelbraun mit gelbem
Querband auf jedem Flü-
gel; Vorderflügel in der
Mitte mit weißem Fleck,
Hinterflügelsaum mit
gelben Fransen; Weibchen
deutlich größer, ockergelb

▶ **Vorkommen**
weit verbreitet; lichte
Wälder, Heide, Moore,
buschiges Gelände

▶ **Verbreitung**
von der Iberischen Halb-
insel über ganz Europa
ostwärts bis Vorderasien

- Ende Juli bis Oktober in einer Generation

▶ **Merkmale**
Flügelfarbe ocker, der breite Saum am Hinterrand der Vorderflügel heller, durch eine dunkle Linie nach innen abgegrenzt; Hinterflügel einheitlich ockerfarben

▶ **Vorkommen**
grasige Biotope, Steppen, Baumsteppen, sonnige Hänge, Klee- und Luzernefelder

▶ **Verbreitung**
überall im gemäßigten Europa, bis ins südliche Skandinavien, auch in Nordafrika

Kleespinner
Lasiocampa trifolii

Während die Weibchen gewöhnlich erst nach Einbruch der Dunkelheit aktiv werden, fliegen die Männchen des Kleespinners vorwiegend am Tage. Die Paarung findet abends statt und dauert nur wenige Minuten. Die Eier werden im August wahllos auf Blattwerk gelegt. Als Futterpflanzen für die Raupe kommen zahlreiche Pflanzen wie Ginster, Kriechweide, Futter-Esparsette, Luzerne, Klee- und Grasarten in Frage. Die junge Raupe ist durch eine orangerote Fleckenzeichnung auf dem Rücken gekennzeichnet. Die erwachsene Raupe ist hellbraun mit schwarzen Segmenteinschnitten, das erste Segment leuchtet orangerot. Durch intensive Grünlandwirtschaft geht die Anzahl der Kleespinner zurück.

Raupe

Kiefernspinner
Dendrolimus pini

Beide Geschlechter sind überwiegend nachtaktiv. Gelegentlich fliegen die Männchen am Tage, die Weibchen sind sehr flugträge. Sie legen die Eier in Häufchen an die Rinde von Kiefernzweigen ab. Die Raupe lebt hauptsächlich an Wald- und Moor-Kiefer und frißt deren Nadeln. Gelegentlich findet man sie auch an Weißtanne, selten an Fichte. Die halberwachsene Raupe überwintert zusammengerollt in der Bodenstreu und sucht im Frühjahr wieder die Baumwipfel auf. Die Verpuppung der Kiefernspinnerraupe erfolgt in einem dichten Gespinst zwischen Zweigspitzen oder in Rindenspalten.

- 50–75 mm Spannweite
- Anfang Juni bis Mitte August in einer Generation

- **Merkmale**
  Färbung der Vorderflügel variiert von hellgrau über rotbraun bis schwärzlich mit grauen oder braunen Einmischungen, dunklen, gezackten Querbinden und einem weißen Mittelfleck; Hinterflügel einfarbig braun

- **Vorkommen**
  in Nadelwäldern, am häufigsten in Kiefernbeständen

- **Verbreitung**
  Marokko, ganz Europa, in der gemäßigten Zone bis Ostasien

Raupe

- ▶ 40–65 mm Spannweite
- ▶ Mai bis Juli in einer Generation

▶ **Merkmale**
Färbung der Männchen rötlichbraun mit zwei scharfen gelblichweißen Querlinien auf dem Vorderflügel und einer verwischten hellen Zickzacklinie; die Weibchen haben eine mehr graue Färbung.

▶ **Vorkommen**
Steppen, trockene Wiesen, grasbewachsene Waldlichtungen, Wegränder, Bahndämme

▶ **Verbreitung**
vom Norden der Iberischen Halbinsel über ganz Europa ostwärts bis Sibirien

Brombeerspinner
Macrothylacia rubi

Wie viele Nachtfalter sind auch bei den Glucken (Lasiocampidae) die Fühler von Männchen und Weibchen deutlich verschieden gebaut: Während die Fühler der Männchen groß und stark kammartig gefiedert sind (zur Oberflächenvergrößerung!), sind sie bei den Weibchen schmal und nur schwach gefiedert. Mit den Fühlern, die mit Sinnesorganen besetzt sind, können die Männchen die Sexuallockstoffe der Weibchen selbst über weite Entfernungen empfangen. Die Männchen fliegen bei Sonnenschein auf der Suche nach den in niedrigen Pflanzen versteckten Weibchen rastlos umher. Die großen Eier werden in mehreren Gelegen (s. Zeichnung) an Grashalmen abgelegt.

Eigelege

Nagelfleck
Aglia tau

Die Männchen kann man schon kurz nach dem Laubaustrieb im Frühjahr an warmen Tagen auf ihrem unsteten Suchflug nach frisch geschlüpften Weibchen beobachten. Die in Bodennähe wartenden Weibchen locken die Männchen über Sexualduftstoffe an. Oft treffen mehrere Männchen gleichzeitig ein und versuchen das Weibchen zu begatten. Die braunen Eier werden vom Weibchen in großer Stückzahl an Stamm oder Zweigen verschiedener Laubbäume abgelegt, meist in unmittelbarer Nähe zur Paarungsstelle. Die jungen Raupen sind an Kopf, Rücken und vor dem Hinterleibsende mit rotgelben, beborsteten Dornfortsätzen bewehrt, die nach der dritten Häutung verschwinden (s. Zeichnung).

▶ 56–80 mm Spannweite
▶ je nach Wetterlage von Ende März bis Anfang Juni in einer Generation

▶ **Merkmale**
Oberseite orangebraun mit einem großen, schwarz umringten, dunkelblauen Augenfleck, mit je einem weißen, nagelförmigen Kern; unverwechselbar

▶ **Vorkommen**
lichte Buchenwälder oder Laubmischwälder mit alten Buchen, in denen die Falter bestimmte Fluggebiete einhalten

▶ **Verbreitung**
vom Norden der Iberischen Halbinsel über Europa durch die gemäßigte Zone bis Ostasien

Raupe

169

- 50 – 75 mm Spannweite
- Ende März bis Anfang Juni in einer Generation

▶ **Merkmale**
Vorderflügel der Männchen stärker weinrot gefärbt als beim Weibchen, die Hinterflügel fallen durch ihr leuchtendes Orange auf; beim Weibchen sind alle Flügel weißlichgraubraun.

▶ **Vorkommen**
in lichten Wäldern, an Waldrändern, in Moorgebieten, auf Heiden und Ödland; bis 2.000 m

▶ **Verbreitung**
von der Iberischen Halbinsel über Europa bis Ostasien

Kleines Nachtpfauenauge
Saturnia pavonia

Das Kleine Nachtpfauenauge zählt zweifellos zu den schönsten einheimischen Nachtfalterarten, wenngleich die meisten Arten dieser Familie in den Tropen beheimatet sind. Die Männchen (s. Foto) fliegen in

Weibchen mit geöffneten Flügeln

stürmischem Zickzackflug tagsüber umher, um paarungsbereite Weibchen (s. Zeichnung) aufzuspüren. Dank ihrer breit gekämmten Fühler können sie die vom Weibchen ausgesandten Duftstoffe auch über größere Entfernungen wahrnehmen. Die Eier werden in kleinen Trauben an Stengeln abgelegt. Nach dem Schlüpfen leben die jungen Raupen eine Zeit lang gesellig zusammen, ehe sie sich trennen. Die erwachsene Raupe ist grün und trägt auf schwarzen Querbändern gelbe oder rötliche Knopfwarzen.

Wiener Nachtpfauenauge
Saturnia pyri

Das Wiener Nachtpfauenauge wird zu Recht auch Großes Nachtpfauenauge genannt, denn mit einer Spannweite von

Raupe

fast 15 cm ist es der größte Schmetterling Europas. Die Falter sind nachtaktiv und können manchmal an hellen Lichtquellen beobachtet werden. Tagsüber ruhen die Falter und genießen durch diese Zeichnung auf den Flügeln einen gewissen Schutz vor Freßfeinden. Die Augenzeichnung imitiert nicht nur die „Pupille" eines Auges, sondern auch die „Augenbrauen", und täuscht so das „Gesicht" eines gefährlichen Tieres vor. Auch wenn die Art in manchen Gebieten häufig vorkommt, ist in den letzten Jahrzehnten eher ein Bestandsrückgang zu verzeichnen.

▶ 110–140 mm Spannweite
▶ Anfang April bis Anfang Juni in einer Generation

▶ **Merkmale**
Flügel graubraun mit hellen Außensäumen und je einem großen, dunkel umrandeten Augenring

▶ **Vorkommen**
Waldränder, baumbestandenes Gelände, Obstgärten; bis 1.600 m

▶ **Verbreitung**
von Nordafrika und der Iberischen Halbinsel durch ganz Südeuropa ostwärts bis zum Iran; nördlich bis zu den Südalpen und Niederösterreich

Birkenspinner
Endromis versicolora

Die Männchen fliegen an sonnigen
Frühlingstagen ab den späten Vormittagsstunden, während die
nacht- und
dämmerungs-
aktiven Weibchen
an Zweigspitzen
sitzen. Die schwär-
menden Männchen
werden von Lockstoffen
der Weibchen angelockt.

Raupen an der Futterpflanze

Nach der Paarung setzt das Weibchen in den späten
Abendstunden die Eier in kurzen Doppelreihen an
Birkenzweigen ab. Futterpflanzen der Raupen sind
hauptsächlich Birken, aber auch Erlen und andere
Laubbäume kommen in Frage. Die jungen Raupen
sind schwarz gefärbt, erst später färben sie sich
leuchtend grün. Sie leben in kleinen Gruppen
zusammen.

Taubenschwänzchen
Macroglossum stellatarum

Das Taubenschwänzchen ist ein ausgezeichneter und ausdauernder Flieger, der über Tausende von Kilometern wandern kann. Ab Ende April wandern die Falter aus dem Süden kommend nordwärts und fliegen als tagaktive Schwärmer sogar in den heißen Mittagsstunden. Die Tiere können bei uns nicht überwintern und wandern im Herbst wieder nach Süden ab. Sein Flugverhalten erinnert an das eines Kolibris: Ähnlich wie diese, halten sie sich oft nur einige Sekunden lang an einer Blüte im Schwirrflug auf (s. Zeichnung), um dann blitzschnell die nächste anzusteuern. Oft fliegen sie rot-violette und blaue Blüten mit langem und engem Blütenkelch an.

Falter saugt im Flug an der Blüte.

▸ 40–50 mm Spannweite

▸ Ende April bis Oktober in zwei Generationen, wobei ständig Zuwanderer aus dem Süden hinzukommen

▸ **Merkmale**
Körper und Vorderflügel graubraun, Hinterflügel kleiner und gelbrot; Hinterleib verbreitert

▸ **Vorkommen**
in allen Landschaftsbereichen, besonders auf Wiesen mit nektarspendenden Blüten, auf buschigen Südhängen, Heideflächen und an Waldrändern

▸ **Vorbreitung**
von Nordwestafrika über Südeuropa und Kleinasien bis Japan

173

- 40–45 mm Spannweite
- Ende April bis Ende Juni in einer Generation, im Süden zwei Generationen

- **Merkmale**
  Kopf und Brust olivgrün, Hinterleib mit breitem rotbraunem Gürtel; Flügel kurz nach dem Schlüpfen dicht braun beschuppt, geht aber bald verloren; Falter sehen dann aus wie Hummeln, sind aber vollkommen harmlos!

- **Vorkommen**
  Waldränder, Lichtungen, Auen und Parklandschaften; bis ca. 2.000 m

- **Verbreitung**
  Nordwestafrika, fast ganz Europa

Hummelschwärmer
Hemaris fuciformis

Auch der Hummelschwärmer steht ähnlich einem Kolibri im Schwirrflug vor Blüten vonBuddleia, Günsel, Flammenblume u.a. und saugt Blütennektar. Mit seinem kurzen, dicken Hinterleib und der gelbbraunen Färbung erinnert er stark an Hummeln, die auch schon ab dem frühen Vormittag auf Nektarsuche sind. Der recht ähnliche Skabiosenschwärmer (*H. tityus*, s. Zeichnung) hat auf dem Hinterleib einen breiten, schwarzen Gürtel, dahinter ist er lebhaft orangegelb gefärbt. Die gelbgrünen Raupen haben ein typisches Schwärmer-Schwanzhorn und fressen u.a. an Heckenkirsche, Geißblatt und Schneebeere. Die Raupe verpuppt sich an einem dünnen Gespinst am Boden.

Skabiosenschwärmer

Abendpfauenauge
Smerinthus ocellata

Das Abendpfauenauge verdankt seinen Namen der typischen Augenzeichnung der Hinterflügel, die normalerweise beim ruhenden Falter nicht zu sehen ist. Wird der Schmetterling gestört, zieht er ruckartig die Vorderflügel nach oben, so daß die Augenflecken als „Schreckzeichnung" wirken. Für den Laien zeigt der Falter dadurch eine gewisse Ähnlichkeit mit den Nachtpfauenaugen (s. Seite 169–171), seine Flügelformen kennzeichnen ihn aber eindeutig als Schwärmer. Typisch für viele Schwärmerarten ist auch die gegensätzliche Stellung von Männchen und Weibchen bei der Paarung (s. Zeichnung). Der Rüssel der Falter ist stark zurückgebildet und erlaubt deshalb kein Nektarsaugen in Blüten.

Paarung

- ▶ 70–85 mm Spannweite
- ▶ Mai bis Juli, im Gebirge bis August, in einer Generation

▶ **Merkmale**
Vorderflügel mit braunen und grauen, violett schattierten Querbändern, Flecken und Linien; Hinterflügel mit schwarz gerandetem blauem Augenfleck

▶ **Vorkommen**
Waldränder, Moorgebiete, Ufergehölze, Hecken und Parklandschaften; im Gebirge bis 2.000 m

▶ **Verbreitung**
Nordafrika, von der Iberischen Halbinsel über Europa bis zu den Schwarzmeerländern; auch im Norden

175

► 70–82 mm Spannweite
► Mai bis Juli, teilweise auch im August und September in ein oder zwei Generationen

► **Merkmale**
Vorderflügel-Grundfarbe rötlichgelbgrau mit olivbraunen Binden und Flecken; Hinterflügel rosarot mit schwarzen Querbändern

► **Vorkommen**
an sonnigen und trockenen Hängen, Heiden, Brachflächen, Feldrainen und Waldrändern

► **Verbreitung**
Nordafrika, ganz Europa bis zu den Schwarzmeerländern, im südlichen Skandinavien

Wolfsmilchschwärmer
Hyles euphorbiae

Der dämmerungs- und nachtaktive Falter erscheint schon in den Abendstunden zum Blütenbesuch. Die Art wird als „Binnenwanderer" bezeichnet, da ihr Wandertrieb zwar vorhanden ist, es aber auch bodenständige Populationen gibt, die bei uns überleben können. Seinen Namen verdankt er den auffallend bunt gefärbten Raupen, die ausschließlich an Wolfsmilchgewächsen leben. Die dunkelgrüne Raupe mit der roten Rückenlinie ist schwarz-gelb-rot-weißlich gezeichnet und signalisiert mit dieser Färbung ihre Ungenießbarkeit. Denn sie nimmt mit dem Futter Giftstoffe auf. So kann sie sich auch tagsüber ungefährdet auf der Futterpflanze aufhalten. In einem lockeren Gespinst unter der Erdoberfläche verpuppt sich die Raupe zu einer sandfarbenen Puppe.

Raupe

Kiefernschwärmer
Hyloicus pinastri

Gelege und
junge Raupen

Der Kiefernschwärmer ist in ganz Europa verbreitet. Doch er tritt selten in Massen auf, so daß er keinesfalls zu den forstschädlichen Arten gezählt werden kann. Die tagsüber an Nadelholzstämmen ruhenden Falter fliegen sowohl in der Dämmerung als auch in der Nacht und saugen an verschiedenen, stark duftenden Blüten von Geißblatt, Leimkraut und Seifenkraut. Mit ihrer grauen Färbung und der schwarzen Zeichnung sind sie hervorragend an die Kieferrinde angepaßt. Frisch geschlüpfte Falter sitzen allerdings nicht selten an Gräsern. Die Raupe lebt hauptsächlich in den Baumkronen von Kiefern, seltener in Fichte, Tanne und Lärche.

▶ 75–90 mm Spannweite
▶ Mitte Mai bis August in ein bis zwei Generationen

▶ **Merkmale**
unscheinbar aschgrau bis braunschwarz mit unruhigem, dunkleren Muster

▶ **Vorkommen**
Randzonen und Schonungen von lichten Nadel- und Mischwäldern

▶ **Verbreitung**
Nordafrika, von der Iberischen Halbinsel (außer Südwesten) über ganz Europa bis nach Japan; nicht im Norden der Britischen Inseln und im hohen Norden Skandinaviens

▶ 60–68 mm Spannweite

- Mitte Mai bis Juli in einer Generation oder bis September in zwei Generationen

Merkmale
Vorderflügel grünoliv mit schmalem, weinrotem Vorderrand und feinem weißem Fleck in der Mitte, Innenrand gegen die Basis weiß; Hinterflügel dunkelrosarot, an der Basis breit schwarz

Vorkommen
Waldlichtungen in nicht zu trockenen Waldgebieten, Au- und Bergwälder, Ufersäume

Verbreitung
fast in ganz Europa

Mittlerer Weinschwärmer
Deilephila elpenor

Kleiner
Weinschwärmer

Der Mittlere Weinschwärmer ist dämmerungsaktiv und saugt im Schwirrflug Nektar aus verschiedenen Blüten. Der sehr ähnliche Kleine Weinschwärmer (*D. porcellus*, s. Zeichnung) ist nicht ganz so häufig. Bei ihm ist der Saum der Vorderflügel rosa gefärbt. Die mehr unscheinbaren Raupen vom Mittleren Weinschwärmer fallen durch vier große Augenflecken am Vorderkörper auf. Sie sind dämmerungs- und nachtaktiv und fressen vor allem an Weidenröschen, aber auch an vielen anderen Pflanzen. Wenn sie ihren Kopf einziehen, können sie die vorderen Segmente wulstartig vergrößern. Man findet sie oft an Gräben, Waldwegen und Straßenrändern. Sie scheinen feuchtere Stellen zu bevorzugen.

Ligusterschwärmer
Sphinx ligustri

Die Falter schwärmen schon in der Dämmerung aus, um mit ihren langen Rüsseln im Schwirrflug an nachts geöffneten Blüten zu saugen. Sie bevorzugen dabei stark riechende Blüten. Tagsüber verstecken sich die Tiere mit dachförmig zusammengelegten Flügeln. Die hellgrüne Raupe bekommt man öfter zu Gesicht als den Falter. Man findet sie gerne an Liguster- und Spierstrauchhecken in Parkanlagen und Gärten. Dort sitzen sie in typischer Ruhestellung wie eine „Sphinx" (s. Zeichnung) mit aufgerichtetem Vorderkörper in der Vegetation. Auffällig ist die Raupe außerdem durch ihre weiße und violette Schrägstreifung sowie durch die Anwesenheit großer Kotballen, die auf untere Blätter runterfallen.

- ▶ 75–115 mm Spannweite
- ▶ Ende April bis August in einer Generation

- ▶ **Merkmale**
  Vorderflügel dunkelbraun, am Vorderrand deutlich heller; Hinterflügel rosa mit zwei schwarzen Querbinden; Hinterleib seitlich mit rosaroten und schwarzen Querbinden

- ▶ **Vorkommen**
  Parklandschaften, Gärten, Feldraine mit Hecken, Ufergehölze

- ▶ **Verbreitung**
  Algerien, ganz Europa, mit Ausnahme des Nordwestens der Britischen Inseln und des nördlichen Skandinavien, ostwärts bis Japan

Raupe in typischer Sitzhaltung

► 84–115 mm Spannweite
► Mai und Juni und häufiger von August bis Anfang Oktober

► **Merkmale**
Vorderflügel grau, dunkel schwarzbraun marmoriert, mit zwei schwarzen Querlinien und einer weißen Zickzacklinie; Hinterleib mit rosa und schwarzen Querflecken

► **Vorkommen**
in trockenen und warmen Biotopen wie Steppenwiesen, Grasheiden, Feldraine, aber auch in Gärten

► **Verbreitung**
Nordafrika und rund ums Mittelmeer; als Wanderfalter nordwärts bis zum Polarkreis einfliegend

Windenschwärmer
Agrius convolvuli

Die Windenschwärmer geben bei uns in den Sommermonaten nur ein kurzes Gastspiel, denn sie wandern regelmäßig aus dem Mittelmeergebiet über die Alpen nach Norden. Die Falter besitzen einen außergewöhnlich langen Rüssel, der bis zu 10 cm lang werden kann. Mit ihm gelangen sie selbst in die tiefen Kelche mancher Blüten. Die Falter sind besonders während der Dämmerungsstunden aktiv. Tagsüber ruhen sie gerne an senkrechten Flächen von Stämmen, Zäunen und Hauswänden oder sitzen auf der bloßen Erde. Futterpflanzen der Raupen sind Winden, besonders die Acker-Winde. Die Puppe besitzt eine freistehende, einwärts gebogene Rüsselscheide (s. Zeichnung), wodurch sie sich von allen anderen einheimischen Schwärmerpuppen unterscheidet.

Puppe liegt frei in einer Erdhöhle

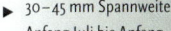

Schwammspinner
Lymantria dispar

Kein Schmetterling hat in den letzten
Jahren soviel Aufmerksamkeit in der
Presse erhalten wie der Schwamm-
spinner. Durch Massenvermehrung
und Kahlfraß geriet er in die Negativ-
Schlagzeilen. In „normalen" Jahren
findet man nur vereinzelte Gelege
in Laubwäldern, weil die Weibchen
relativ ortstreu bleiben. Ihr Verhalten
ändert sich bei Massenvermehrungen,
die durch warmes und trockenes Klima gefördert
werden. Dann verbreiten die jetzt sehr aktiven Weibchen die Eigelege (s. Zeichnung) sehr weit und legen
sie auch in die oberen Etagen der Bäume ab. Die unzähligen Raupen fressen die Bäume völlig kahl. Da
die chemische Bekämpfung viele Insektenarten gefährdet, die im gleichen Gebiet leben, wäre eine spe-
zifische Bekämpfung über spezielle Raupenvirosen
besser.

Eigelege

- 30–45 mm Spannweite
- Anfang Juli bis Anfang
  September in einer
  Generation

- **Merkmale**
  Vorderflügel der Männ-
  chen graubraun mit
  schwarzbraunen Zacken-
  streifen, Hinterflügel gelblichbraun; Flügel der Weibchen weiß bis gelblichweiß
  mit weniger stark ausgeprägten Querlinien

- **Vorkommen**
  in Laubmischwäldern,
  Parklandschaften und
  Obstgärten

- **Verbreitung**
  Nordafrika, ganz Europa,
  mit Ausnahme des Nor-
  dens, ostwärts bis Japan

- 28–32 mm Spannweite
- Mitte Mai bis Oktober in zwei bis drei Generationen

- **Merkmale**
  Flügelfarbe des Männchens rostbraun mit dunklen Querstreifen und einem weißen Fleck am Vorderflügel; Weibchen sind praktisch flügellos, graubraun, wollig beschuppt

- **Vorkommen**
  in Busch- und Baumbeständen, Waldränder und Parklandschaften

- **Verbreitung**
  von der nördlichen Hälfte der Iberischen Halbinsel über ganz West- und Mitteleuropa ostwärts

Schlehenspinner
Orgyia antiqua

Im Gegensatz zum aktiven Männchen (s. Foto) besitzt das flugunfähige Weibchen (s. Zeichnung) nur winzige Flügelstummel. Es bleibt meist auf dem verlassenen Puppenkokon sitzen und lockt mit dem artspezifischen Sexuallockstoff die Männchen an. Gleich nach der Paarung beginnt es mit der Eiablage, wobei es die Eier dicht aneinandergereiht auf dem alten Puppengespinst ablegt. Aus diesen Eiern schlüpfen nach der Überwinterung die Raupen, die sich von einer Vielzahl Laub- und Nadelhölzer ernähren. Die erwachsene Raupe besitzt die für alle „Bürstenspinner" typischen bürstenartigen Haarbüschel auf dem Rücken. Sie leben einzeln und können weit umherwandern.

flugunfähiges Weibchen

Mondfleck-Bürstenspinner
Gynaephora selenitica

Obwohl die Raupen des Mondfleck-Bür-
stenspinners im Spätsommer an manchen Stellen oft sehr zahlreich bis mas-
senhaft auftreten, werden bei uns
kaum Falter beobachtet. Ein Großteil
der Raupen scheint im Winter zu-
grundezugehen, so daß die Falter
stets selten sind. Die mit langen,
schwarzen Haaren bedeckte Raupe besitzt fünf Paar weißliche
Haarbüschel auf dem Rücken.
Die Männchen sind aktive Flieger, die um die Mittagszeit im
Sonnenschein auf der Suche

Raupe

nach Weibchen dicht über dem Boden schwirren.
In Mitteleuropa ist die Art durch fortschreitende Kul-
tivierung ihrer Lebensräume in ihrer Existenz
gefährdet.

▶ 26–32 mm Spannweite
▶ Mai bis Mitte Juni in einer
Generation

▶ **Merkmale**
Vorderflügel der Männ-
chen olivgraubraun mit
dunkler Streuschuppung,
weißem Mittelfleck und
länglicher ringförmiger
Zeichnung am Innenrand;
Grundfarbe im Vorderflü-
gel der Weibchen weißgrau

▶ **Vorkommen**
warme und trockene
Heidegebiete, aber auch
Moorgebiete, Waldlichtun-
gen und Waldränder

▶ **Verbreitung**
von Südfrankreich über
Mitteleuropa ostwärts bis
nach Rußland

▶ 30–40 mm Spannweite
▶ Mitte Mai bis Ende August, je nach Klima, in einer Generation

▶ **Merkmale**
Körper und Flügel schwarz, mehr oder weniger blau glänzend; Widderchen den eigentlichen Widderchen sehr ähnlich, seine Fühler sind aber fadenförmig

▶ **Vorkommen**
bevorzugt in trockenen sonnigen und vegetationsreichen Biotopen

▶ **Verbreitung**
lokal im Südosten Spaniens, von Südfrankreich über ganz Mittel- und Südeuropa bis zum Altai; nicht im Norden

Weißfleck-Widderchen
Amata phegea

Obwohl das Weißfleck-Widderchen in seinem äußeren Erscheinungsbild der Körper- und Flügelform an die „echten" Widderchen (s. Seite 130–137) erinnert, gehört es doch aufgrund spezieller Flügelmerkmale zu den Bärenspinnern. Einige Autoren stellen es sogar in eine eigene Familie. Die Falter fliegen bei Sonnenschein am Tage und besuchen häufig Quendel- und Lavendelblüten, um Nektar zu saugen. Sie können sehr verschieden gefärbt sein. Die Raupe ist grau und frißt mit Vorliebe welke Pflanzenteile. Die jungen Raupen leben zuerst gesellig, später sind sie dann Einzelgänger. Die Verpuppung erfolgt in einem Kokon zwischen dem Laub am Boden.

Raupe

Rotrandbär
Diacrisia sannio

Die Männchen (s. Foto) fliegen tagsüber und lassen sich leicht aus der Vegetation aufscheuchen. Nach kurzem Flug setzen sie sich jedoch wieder an Grashalmen nieder. Die Weibchen (s. Zeichnung) sind ausgesprochen flugträge und bleiben meist am Boden verborgen. Auch wenn der Rotrandbär in vielen Landschaftsbereichen vorkommt, so trifft man ihn doch am häufigsten im extensiv bewirtschafteten Wirtschaftsgrünland an. In überdüngten, mehrfach gemähten Wiesen wird man ihn kaum finden. Die dunkelrotbraune bis schwarzbraune Raupe ist mit Büscheln brauner Haare besetzt und hat einen breiten, gelbbraunen Rückenstreifen mit weißen Flecken. Die Raupe vom Rotrandbär ist nachtaktiv und frißt verschiedene Pflanzen.

Weibchen

▶ 28–45 mm Spannweite

▶ meist eine Generation im Mai und Juni, in warmen Lagen auch eine zweite Generation im August und September

▶ **Merkmale**
Kopf, Brust und Vorderflügel des Männchens kräftig ockergelb, Hinterflügel heller gelblich mit dunkler Randbinde, Vorderflügel mit großem, rotem Mittelfleck; Weibchen gelbbraun mit rotbraunem Mittelfleck

▶ **Vorkommen**
Bruchwälder, Flußauen, Moorwiesen, feuchte Waldlichtungen

▶ **Verbreitung**
fast in ganz Europa

- ► 45 – 60 mm Spannweite
- ► Anfang Juni bis Ende Juli in einer Generation, im Süden teilweise bis September in einer zweiten Generation

- ► **Merkmale**
  Vorderflügel kräftig gelb mit bräunlichen Flecken; Hinterflügel tief purpurrot mit schwarzen Flecken

- ► **Vorkommen**
  relativ feuchte Landschaftsbereiche, Wald- und Moorwiesen, Brachflächen, Heiden

- ► **Verbreitung**
  vom Norden der Iberischen Halbinsel über fast ganz Europa (mit Ausnahme des Nordens)

Purpurbär
Rhyparia purpurata

Beim Purpurbär handelt es sich um eine spätnachts aktive Art, bei der nur die Männchen manchmal am Tage im Sonnenschein fliegen. Tagsüber halten sich die Falter in niedriger Vegetation versteckt, meist an der Unterseite von Blättern. Die roten Hinterflügel mit den schwarzen Flecken bleiben dabei von den Vorderflügeln verdeckt. Wie bei allen Nachtfaltern unterscheiden sich die Fühler von Männchen und Weibchen (s. Zeichnung). Die erwachsene Raupe liebt den Sonnenschein. Deshalb wird sie häufiger angetroffen als der Falter. In der Wahl ihrer Futterpflanzen ist sie nicht sehr spezialisiert. Ihr Speisezettel reicht von Blättern verschiedener Laubgehölze über Sträucher bis hin zu diversen Kräutern, v. a. Labkraut.

Fühler von Männchen (links) und Weibchen (rechts)

Spanische Fahne
Euplagia quadripunctaria

Diese Art ist ein Musterbeispiel für die verwirrende deutsche Namensgebung: Außer Spanischer Fahne heißt er auch Russischer Bär, Russische Fahne, Römerzahl und Feldbuschheiden-Prachtbär. Problematisch wird es allerdings, weil auch der Schönbär (s. Seite 188) als „Spanische Fahne" bezeichnet wird. Dabei sehen sowohl die Falter als auch die Raupen sehr verschieden aus. Eine Unterart kommt auf der Insel Rhodos vor und tritt dort in einem Tal alljährlich in Massen von bis zu mehreren Millionen Faltern auf. Daher ist dieses „Schmetterlingstal" inzwischen eine Touristenattraktion geworden. Die Spanische Fahne ist ein tagaktiver Nektarsauger, der gern Disteln anfliegt. Das Weibchen legt die Eier in Grüppchen an Blatträndern ab.

Raupe

▶ 50–60 mm Spannweite
▶ Anfang Juli bis Anfang September in einer Generation

▶ **Merkmale**
Vorderflügel schwarz mit gelbweißen Binden, Hinterflügel leuchtend rot mit schwarzen Flecken

▶ **Vorkommen**
auf Waldwegen, an Waldrändern, gebüschbestandenen Weg- und Straßenrändern, auch in Parks und Gärten

▶ **Verbreitung**
in Süd- und Mitteleuropa (im Westen bis nach Südengland), vom Mittelmeerraum bis Vorderasien

▶ **Merkmale**
Vorderflügel schwarz mit
kleineren und größeren
weißen und gelben
Flecken; Hinterflügel rot
mit schwarzer Flecken-
zeichnung

▶ **Vorkommen**
sehr lokal auf Lichtungen
feuchter Wälder, an Bach-
ufern und Quellgebieten in
Mischwäldern

▶ **Verbreitung**
in fast ganz Europa mit
Ausnahme des hohen
Nordens, östlich bis zum
Ural

Schönbär
Callimorpha dominula

Der Schönbär ist wie die Spanische Fahne eine tag-
und nachtaktive Art, die bei Sonnenschein
gerne an Disteln, Holunder und Minze
Nektar saugt. Während der heißen
Mittagszeit verstecken sich die
Falter an schattigen, feuchten
Stellen in der Nähe ihrer Nektarpflanzen. Werden sie aufgescheucht, flüchten sie in langsamem Flug in das Geäst von
Gehölzen. Die blauschwarze
Raupe mit dem gelben Rückenstreifen findet man auf ihren Futterpflanzen besonders am Rande von
Gräben, entlang schattiger Waldwege
und auf Waldlichtungen. Als Futterpflanzen dienen sowohl Bäume und Sträucher als
auch krautige Pflanzen wie Brennessel, Greiskräu-
ter, Disteln, Weiden, Himbeere und Heckenkirsche.

Raupe

Schwarzer Bär
Arctia villica

Beim Schwarzen Bär sind die Weibchen auch tagsüber aktiv, die Männchen dagegen nur nachts. Ansonsten verstecken sich die überwiegend nachtaktiven Falter in der Vegetation. Manchmal ruhen sie allerdings auch gut sichtbar auf Steinen oder an Blättern. Werden sie gestört und aufgescheucht, suchen sie rasch wieder in den Pflanzen Deckung. Die Eier legt das Weibchen im Juni in Gruppen ab. Die Raupen schlüpfen Anfang Juli. Ihr Körper ist schwarz und mit Büscheln bräunlicher bis rotbrauner Haare bedeckt, die auf erhöhten Warzen stehen. Die Raupen fressen nur einige Zeit an verschiedensten krautigen Pflanzen, überwintern halberwachsen und vollenden ihre Entwicklung im Frühjahr, wenn sie sich verpuppen und neue Falter schlüpfen.

Raupe

▸ 45–60 mm Spannweite
▸ Mai bis August in einer Generation

▸ **Merkmale**
Vorderflügel schwarz mit acht gelblichweißen Flecken, Hinterflügel gelb bis orangerot mit schwarzer Spitze (darin gelbe Flecken) und schwarzen Flecken

▸ **Vorkommen**
sandiges Gelände, Steppenheiden, Trockenrasen, Brachflächen; nördlich der Alpen nur inselartig verbreitet

▸ **Verbreitung**
von Nordafrika über West- und Südeuropa bis nach Asien

189

- 32 – 40 mm Spannweite
- Mai bis Juli in einer Generation

Merkmale
Vorderflügel schwarz mit gelblichweißer Schräg- und Querstreifung; Hinterflügel beim Weibchen rot-schwarz, beim Männchen gelb-schwarz (seltener weiß-schwarz) gefleckt

Vorkommen
bevorzugt in Hügelland und Gebirgen, auf Wiesen, Lichtungen, in Wäldern und an Wegrändern

Verbreitung
in ganz Europa bis nach Asien

Wegerichbär
Parasemia plantaginis

Der Wegerichbär war früher vor allem im Alpenvorland und in den Mittelgebirgen im Frühsommer sehr häufig. In den letzten Jahren findet man sie immer weniger, was im wesentlichen auf Lebensraumverluste durch Abholzungen und Aufforstungen sowie durch Straßenbau und Verinselung zurückzuführen ist. Bei Sonnenschein fliegen die Männchen (s. Zeichnung) schon am frühen Vormittag, die Weibchen (s. Foto) sind flugträge. Die Eier werden in kleinen Gruppen abgelegt. Die braunschwarzen Raupen sind lang und dicht rotbraun behaart, zum Hinterende hin wird die Behaarung schwarz. Futterpflanzen der Raupen vom Wegerichbär sind im wesentlichen Wegerich, Habichtskraut, Taubenkropf und Ampfer.

Männchen

Gamma-Eule
Autographa gamma

Die Gamma-Eule ist ein häufiger, aus dem Süden kommender Wanderfalter, dessen wenig wählerische Raupe an vielen Wild- und Kulturpflanzen frißt. Die Falter können Tag und Nacht beim Blütenbesuch angetroffen werden. Sie sind nicht wählerisch in der Blütenauswahl und besuchen viele verschiedene Blüten. Ob dieser Falter bei uns überwintern kann, ist noch nicht geklärt. Möglicherweise können Raupen, eventuell sogar Falter in günstigen Gegenden überwintern. Auch weiß man nicht, wieviel Generationen in einem Jahr bei uns vorkommen. Denn ständig wandern Falter aus dem Süden zu und vermischen sich mit denen, die schon hier sind. Ab Juli beginnt der Rückzug in den Süden.

Raupe

▶ 35–40 mm Spannweite
▶ Ende Februar bis Anfang Dezember

▶ **Merkmale**
Vorderflügel schwarz-graubraun gezeichnet, in Flügelmitte befindet sich ein weißliches Gamma-Zeichen

▶ **Vorkommen**
als Wanderfalter in allen Lebensräumen zu finden

▶ **Verbreitung**
in der gesamten Paläarktis

Silberblatt-Goldeule
Autographa bractea

- 27 – 42 mm Spannweite
- Juni bis September in einer Generation

- **Merkmale**
  Vorderflügel kräftig braun mit markantem, weißlich-gelbem Fleck; Hinterflügel hell gelbbraun bis braun

- **Vorkommen**
  im Bergland an Wegrändern, Uferböschungen, Bachrändern und Moorgebieten

- **Verbreitung**
  in Europa vor allem in den nördlichen und mittleren Regionen

verwandte Art
Jota-Silbereule

Die Silberblatt-Goldeule galt früher als eine Art der Mittel- und Hochgebirge. Seit Ende des 19. Jahrhunderts ist sie häufiger geworden und hat ihr Verbreitungsgebiet in Mitteleuropa auf Hügelland und selbst auf die Ebene ausgedehnt. Die Falter sind dämmerungs- und nachtaktiv, können aber auch bei Tag fliegend oder beim Blütenbesuch beobachtet werden. Während der Ruhephase sitzen sie zum Teil gut sichtbar auf der Oberseite von Blättern in der Krautschicht und lassen sich leicht aufscheuchen. Mit der Silberblatt-Goldeule ist die Jota-Silbereule (*A. jota*, s. Zeichnung) verwandt.

Goldeule
Plusia festucae

Normalerweise sind die Falter in der Dämmerung und Nacht aktiv. Sie kann man aber auch oft am Tage beim Blütenbesuch beobachten. In Gärten treten Goldeulen gerne an Buddleia auf. Die Falter verlassen öfters ihre üblichen Lebensräume. So konnte man sie sogar in Weinbergen und Trockenrasen finden. Allerdings lagen diese Biotope meist in der Nähe von Feuchtgebieten. In Moorgebieten des Voralpenlandes teilt sie sich den Lebensraum mit der Zierlichen Goldeule (*P. putnami*, s. Zeichnung). Deren Vorderflügel sind etwas breiter und kürzer als die der Goldeule, und der untere, längliche Silberfleck am Flügel der Zierlichen Goldeule sieht etwas anders aus.

Zierliche Goldeule

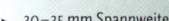

▶ 30–35 mm Spannweite

▶ Anfang Mai bis Juni und Juli bis September in zwei Generationen

▶ **Merkmale**
Vorderflügel kräftig braun mit zwei großen Silberflecken; der untere Längsfleck in der Flügelspitze ist verwischt abgegrenzt

▶ **Vorkommen**
in feuchten Wiesen, Schilfbeständen, Niedermooren, Sümpfen und Saumbiotopen aller möglichen Gewässer

▶ **Verbreitung**
in der gesamten Paläarktis

- 45–55 mm Spannweite
- Ende Mai bis Anfang Oktober (Einzeltiere bis November) in einer Generation

- **Merkmale**
  sehr unterschiedliche Varianten; Vorderflügel unscheinbar, Hinterflügel gelb mit schwarzem Saum

- **Vorkommen**
  nahezu ein Ubiquist, in Großstädten, Parks, Waldrändern, Auen, Mooren und Gärten; fliegt abends oft in die Wohnungen

- **Verbreitung**
  in der gesamten Paläarktis (mit Ausnahme des äußersten Nordens)

Hausmutter
Noctua pronuba

Raupe

Die Hinterflügel der Hausmutter sind schwarz-gelb gezeichnet. Dies ist vermutlich eine Schreck- und Warnfärbung. Denn in Ruhestellung sind die Hinterflügel von den Vorderflügeln bedeckt, und die Zeichnung ist nicht zu sehen. Erst bei Gefahr wird sie einem Störenfried plötzlich vorgezeigt, so daß dieser erschrickt und die Hausmutter fliehen kann. Die Falter kann man teils nachts, teils auch am Tage beim Nektarsaugen an verschiedenen Pflanzen beobachten. Gelegentlich saugen sie auch an Baumsaft oder verfaulendem Obst. Das Weibchen kann bis über 3000 Eier in Form großflächiger Gelege ablegen. Die Raupen der Hausmutter ernähren sich von vielerlei krautigen Pflanzen.

Klee-Bunteule
Callistege mi

Die Klee-Bunteule gehört zu den Nachtschmet-
terlingen, die nur bei Tag fliegen. Sie besucht
Blüten, setzt sich aber auch gerne auf Blätter
oder offene Bodenstellen. Dabei vibrieren
die halb erhobenen Flügel leicht. Das
Weibchen legt ein Ei an einen dünnen
Grashalm in dichter Vegetation ab.
Die spannerartige Raupe ist lang
und schlank. Bei Störung läßt sie
sich zusammengerollt fallen. Sie
frißt tagsüber und nachts an
Futterpflanzen wie Klee-Arten,
Wicke, Ampfer, Luzerne und
verschiedenen Wildgräsern. Die
Verpuppung erfolgt in einem
Kokon, der oft an eine Pflanze
geheftet ist.

Raupe

▶ 25–30 mm Spannweite

▶ je nach Region in einer
(von April bis Juli) oder
zwei Generationen
(August und September)

▶ **Merkmale**
anhand ihrer lebhaften,
ornamentalen Zeichnung
auffällig und unverwech-
selbar

▶ **Vorkommen**
sowohl im blütenreichen
Offenland als auch in
buschbestandenem Gelän-
de und an Waldrändern

▶ **Verbreitung**
in fast ganz Europa, nach
Osten bis zum Amur-
Gebiet

- 25–30 mm Spannweite
- Ende April bis September in zwei Generationen

- **Merkmale**
  Vorderflügel grau bestäubt mit zwei dunkelbraunen Querbinden und einem keilförmigen schwarzen Fleck vor der Spitze; Hinterflügel braun mit gelbem, von einer braunen Binde geteiltem Feld

- **Vorkommen**
  auf feuchten und trockenen Wiesen, an Waldrändern und auf Waldlichtungen

- **Verbreitung**
  von Marokko über ganz Europa bis nach Japan

Braune Tageule
Euclidia glyphica

Die braune Tageule ist häufiger als die Klee-Bunteule (s. S. 195). Auch sie ist ausschließlich tagaktiv, und die Falter sind eifrige Blütenbesucher. Ist der Himmel bedeckt, verstecken sie sich in niedrigen Pflanzen. Aufgescheuchte Falter fliegen rasch auf oder verkriechen sich nahe dem Boden. Auch die Paarung erfolgt bei Tage. Danach heftet das Weibchen die Eier einzeln oder zu mehreren an frischem oder auch bereits vertrocknetem Gras an. Die jungen Raupen schlüpfen nach etwa 10 bis 14 Tagen. Die erwachsene Raupe ist langgestreckt und mit zahlreichen Längslinien gemustert. Sie ist nachtaktiv und ruht tagsüber ausgestreckt auf Stengeln der Futterpflanzen (Hopfenklee, Luzerne und Hornklee).

Raupe

Weidenkarmin
Catocala electa

Die Ordensbänder gehören zu den größten und z. T. auch recht bunt gefärbten Eulenfaltern. Ihre deutschen Namen lassen sich auf die schwarzen Hinterflügel mit den roten oder blauen Querbändern zurückführen. Das Weidenkarmin war, alten Aufzeichnungen zufolge, noch in der ersten Hälfte des 20. Jahrhunderts häufig. Heute sind die Bestände rückläufig, die Art wird als stark gefährdet eingestuft. Die nachtaktiven Falter sitzen tagsüber an Baumstämmen, wobei die markanten Hinterflügel unter den tarnfarbenen Vorderflügeln verborgen sind. Recht ähnlich ist das Rote Ordensband (*C. nupta*, s. Zeichnung).

ähnliche Art
Rotes Ordensband

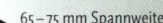

▶ 65–75 mm Spannweite
▶ Mitte Juni bis Anfang Oktober in einer Generation

▶ **Merkmale**
Vorderflügel graubraun mit rindenartiger Zeichnung und Zickzackbinden; Hinterflügel karminrot mit zwei schwarzen Bändern, das vordere umgekehrt S-förmig

▶ **Vorkommen**
in Au- und Bruchwäldern, Flußniederungen und feuchten Parklandschaften

▶ **Verbreitung**
an wenigen Stellen in Süd- und Mitteleuropa, nach Osten bis Korea

▶ 80 – 95 mm Spannweite
▶ Juli bis Ende Oktober
  in einer Generation

▶ **Merkmale**
Vorderflügel graubraun mit
gezackten, hell gefüllten
Querlinien; Hinterflügel
schwärzlich mit hellblauer
Querbinde

▶ **Vorkommen**
in Laub- und Mischwäl-
dern sowie deren Rändern,
auch in Auwäldern, Fluß-
auen und Pappelalleen

▶ **Verbreitung**
in ganz Europa, außer dem
äußersten Süden

Blaues Ordensband
Catocala fraxini

Das Blaue Ordensband ist der größte einheimische Vertreter der Ordensbänder. Die
Falter sind nachtaktiv, fliegen aber schon
kurz nach Anbruch der Dämmerung.
Tagsüber schmiegen sie sich eng an die
Rinde von Baumstämmen und Ästen an.
Ihre Nahrung besteht aus reifen Früchten
und austretendem Baumsaft. Die Falter
sind sehr scheu und fliegen bei der gering-
sten Störung rasch auf und davon. Die Eier
werden einzeln in Rindenritzen abgelegt.
Die Raupe trägt auf dem achten Segment
einen schwärzlich gefärbten Wulst. Wich-
tigste Futterpflanze ist die Schwarzpappel.
Möglicherweise frißt sie auch an Esche
und an anderen Laubbäumen. Auch die
Raupen sind nachtaktiv.

Raupe

Seideneulchen
Rivula sericealis

Die Seideneulchen findet man oft kopfunter an Grashalmen sitzend, wo sie sich
auch paaren (s. Zeichnung). Dabei ist ein
Partner nach oben, der andere nach unten gerichtet. Die Falter sind vor allem
dämmerungs- und nachtaktiv und besuchen gerne die Blüten von Dost und
Goldruten. Als Nahrungsquellen dienen
aber auch verschiedenste Wiesengräser.
Tagsüber verstecken sich die Falter in der
Vegetation, können dort aber leicht aufgescheucht werden. Die Raupen leben von
August bis Mai auf verschiedenen Wildgräsern, u. a. auf Zwenken, Quecken und
Schwingel. Sie überwintern. Insgesamt
weiß man erst sehr wenig über die Seideneulchen.

Paarung

▶ 18 – 22 mm Spannweite

▶ Mitte Mai bis Ende Sep-
tember in mindestens zwei
Generationen

▶ **Merkmale**
Flügelfarbe von hell graubraun bis dunkel ocker-
farben; Vorderflügel mit
typischem dunklem
(Doppel-)Fleck

▶ **Vorkommen**
auf feuchten Wiesen,
Brachflächen, an Ufersäu-
men, Wegrändern und in
lichten, grasreichen Wäl-
dern

▶ **Verbreitung**
in der gesamten Paläarktis

- 40 – 45 mm Spannweite
- Anfang Juni bis August und September bis Mai in zwei Generationen

- **Merkmale**
  Grundfärbung hellbraun, Vorderflügel mit rötlicher Zeichnung, die Außenränder stark gezackt; Hinterflügel hell- bis dunkelbraun

- **Vorkommen**
  in Laub- und Mischwäldern mit Pappel- und Weidenbeständen, auch in Moorgebieten und Parkanlagen; im Gebirge bis 2.000 m

- **Verbreitung**
  in der gesamten Paläarktis; auch in Nordamerika

Zackeneule
Scoliopteryx libatrix

Die Zackeneule, gelegentlich auch „Zimteule" genannt, ist durch ihre Färbung und Zeichnung unverwechselbar. Mit ihrem speziell ausgebildeten Rüssel können die Falter Früchte anstechen und deren Saft saugen. Dies wurde schon an Brombeeren, Himbeeren, Holunderbeeren und an den Früchten des Gemeinen Schneeballs beobachtet. Zur Überwinterung suchen die Falter gerne kühle Keller, Höhlen und Tunnel auf, die allerdings eine hohe Luftfeuchtigkeit aufweisen müssen. Wenn die Falter dabei von Wassertröpfchen bedeckt werden, stört sie das in keinster Weise. Die schlanken, grasgrünen Raupen mit den gelben Seitenstreifen leben an den Blättern von Weiden und Pappeln, die sie gern fressen.

Raupe

Karden-Sonneneule
Heliothis viriplaca

Die Falter sind nachtaktiv, können aber auch tagsüber im Sonnenschein beim Besuch verschiedener Blüten beobachtet werden. Gerne sonnen sie sich auf vegetationsfreien Bodenstellen. Die Tiere heizen sich dann auf und können sehr schnell über den Boden laufen. Ruhende Falter kann man tagsüber auf Blütenköpfen finden. Die Raupen sind sehr unterschiedlich von verschiedenen Grüntönen über Rötlichbraun bis Lila gefärbt, wobei die Zeichnungselemente relativ gleich bleiben. Sie fressen im August und September an Blüten, unreifen Samen und Früchten verschiedenster Nahrungspflanzen.

Raupe

▸ 23–30 mm Spannweite

▸ Mai bis Juni und Juli bis August in zwei Generationen

▸ **Merkmale**
Vorderflügel ockergelb mit dunkelbraunen Binden, die mittlere Binde schräg; Hinterflügel hell graubraun mit großen schwarzen Flecken und breiter schwarzer Randbinde

▸ **Vorkommen**
Steppenbewohner, bei uns in sonnigen und blütenreichen Trocken- und Magerrasen sowie Ruderalflächen

▸ **Verbreitung**
von Nordwestafrika über ganz Europa bis nach Japan

- 27–35 mm Spannweite
- Mai bis August in einer Generation (Schwerpunkt Juni/Juli)

- **Merkmale**
  Vorderflügel kräftig braun mit dunklem Rand; Hinterflügel ockerbraun, vor dem Rand mit breiter dunkelbrauner Binde

- **Vorkommen**
  in offenem Gelände; sowohl in Halbtrockenrasen, Bahndämmen und Ruderalflächen als auch in feuchten Wiesen, Wasser- und Straßengräben

- **Verbreitung**
  fast in der gesamten Paläarktis verbreitet

Umbra-Sonneneule
Pyrrhia umbra

Obwohl die Art weit verbreitet ist, werden nur wenig Falter beobachtet. Sie besuchen die Blüten von Gelbem Enzian, Gemeinem Natternkopf und Ochsenzunge meist in der Abenddämmerung, gelegentlich aber auch tagsüber. Durch Licht lassen sich die Falter nur wenig anlocken. Das Weibchen legt die Eier an die Blütenblätter von Wiesenstorchschnabel, von verschiedenen Hauhechelarten und anderen Wiesenpflanzen ab. Solange noch Blütenknospen vorhanden sind, fressen sich die jungen Raupen gerne in die Knospen hinein. Außer den Knospen fressen sie aber auch Blüten, Früchte und sogar Blätter. Die Puppen der Umbra-Sonneneule überwintern.

Raupe

Hornkrauteule

Panemeria tenebrata

Die ausschließlich tagaktiven Falter der Hornkraut-eule besuchen bei Sonnenschein blumenreiche Stellen, um Nektar zu saugen. Bei bedecktem Himmel und sinkenden Temperaturen bleiben sie oft reglos auf den Blüten sitzen. Auf den Blütenköpfen kann man auch die Paarung (s. Zeichnung) und die Ei-ablage beobachten. Dabei versenkt das Weibchen die Eier vorwiegend in warmen Mittagsstunden tief am Fruchtknoten zwischen den Grundblättern und den Blütenblättern. Die gelbgrünen Raupen mit den weißlichen Linien und gelben Seitenstreifen leben an Blüten und Früchten von Horn-kraut- und Sternmie-re-Arten. Die Pup-pe überwintert in einem tonnenför-migen Kokon an der Erde.

Paarung

- 15–24 mm Spannweite
- Mitte April bis Ende Mai; vereinzelt auch Anfang Juli bis Mitte August

- **Merkmale**
  Vorderflügel dunkelbraun, mit grauen Aufhellungen; Hinterflügel schwarzbraun mit breiter gelber Binde

- **Vorkommen**
  blütenreiche Wiesen, Böschungen, Waldränder und Brachflächen; von der Ebene bis 1.600 m

- **Verbreitung**
  fast ganz Europa, südlich bis Nordspanien, nördlich bis Nordengland und Süd-skandinavien, östlich bis zum Ural

- 18 – 20 mm Spannweite
- Mai bis Juni und im Juli/ August in zwei Generationen

- **Merkmale**
  bunter Falter; die Vorderflügel schwarz mit gelblichweißer Binden- und Fleckenzeichnung, die Hinterflügel braun

- **Vorkommen**
  in offenem Gelände, insbesondere Halbtrockenrasen, Bahndämme und Ruderalstellen

- **Verbreitung**
  von Nordafrika über die Iberische Halbinsel, Italien, den Balkan, Griechenland und der Türkei bis zum pazifischen Ozean

Windeneulchen
Emmelia trabealis

Die Bunteulchen, zu denen das Windeneulchen gehört, kommen hauptsächlich in den Halbtrockengebieten Südeuropas und Vorderasiens vor. Es sind meist kleine, recht bunte Falter, die auch tagsüber an trockenen, sonnigen und blumenreichen Stellen gefunden werden können. Da sich die Tiere durch Licht anlocken lassen, müssen die Falter auch nachts aktiv sein. Zum Ruhen verstecken sie sich zwischen krautigen Pflanzen. Die Raupe lebt wohl vor allem an Windenarten wie Ackerwinden und frißt sowohl Blätter als auch Blüten. Die jungen Raupen sind grünlich gefärbt, die erwachsene Raupe mehr graubraun mit auffallendem gelben Seitenstreifen.

Raupe

Silbergestreiftes Grasmotteneulchen
Deltote bankiana

Dieser Falter kommt an vielen Stellen gemeinsam mit dem Ried-Grasmotteneulchen (*D. uncula*, s. Zeichnung) vor. Das Silbergestreifte Grasmotteneulchen ist jedoch häufiger und weiter verbreitet. Der lateinische Artname „uncula" bezieht sich auf die silbrige Hakenzeichnung am Vorderflügel. Die

Ried-Grasmotteneulchen

Falter sind auch tagsüber aktiv. Dann kann man die zwischen den Grashalmen versteckten Falter leicht aufscheuchen. Nach kurzem Flug lassen sie sich wieder kopfunter zwischen Gräsern nieder. Hauptsächlich aber fliegen sie mit beginnender Dämmerung. Dann gehen die Schmetterlinge auf Partnersuche. Die Raupen fressen verschiedene Grasarten.

▶ 20–22 mm Spannweite
▶ Anfang Mai bis Ende August

▶ **Merkmale**
Grundfarbe der Vorderflügel dunkelbraun; die silbernen Streifen laufen parallel schräg über den gesamten Vorderflügel. Ring- und Nierenmakel sind darin als länglicher bzw. runder Fleck integriert.

▶ **Vorkommen**
eine Art der Feuchtbiotope; im Alpenvorland v. a. in Rieder, Niedermooren und feuchten Wiesen

▶ **Verbreitung**
reicht von der Iberischen Halbinsel bis nach Japan und Korea

1 Osterluzeifalter
Zerynthia polyxena
Ritterfalter
trockener Lebensraum mit
Osterluzeiarten als Futterpflanzen für die Raupen

2 Ausonia-Weißling
Euchloe ausonia
Weißlinge
Die Falter findet man in offenen,
heißen, trockenen und blütenreichen Stellen.

3 Blauschwarzer Eisvogel
Limenitis reducta
Edelfalter
fliegt von Mitte Juni bis Mitte
August auf sonnigen Lichtungen von Laubwäldern

4 Brombeer-Perlmutterfalter
Brenthis daphne
Edelfalter
neben Waldlichtungen auch an
strauchigen, blütenreichen
Stellen zu finden

5 Argyrognomon-Bläuling
Plebeius argyrognomon
Bläulinge
an trockenen und feuchten
Standorten, wenn sie blütenreich und strauchbestanden
sind

6 Silberkomma-Eule
Macdunnoughia confusa
Eulenfalter
Lebensraum sind warme,
trockene, sonnige Landschaftsbereiche wie Heidegebiete.

1 **Korsischer Schwalbenschwanz**
Papilio hospiton
Ritterfalter
in Korsika und Sardinien von
Meereshöhe bis in die Gipfel-
region vorkommend

2 **Korsischer Kleiner Fuchs**
Aglais urticae ichnusa
Edelfalter
Diese Unterart kommt nur auf
Korsika und Sardinien in Höhen
bis 2.500 m vor.

3 **Schwarzbrauner Würfelfalter**
Pyrgus serratulae
Dickkopffalter
Lebensraum, vor allem offene,
blütenreiche Habitate, reicht
von Meeresniveau bis 2.400 m

4 **Korsischer Mauerfuchs**
Lasiommata paramegaera
Edelfalter
Lebensraum ist die Macchie
und trockenes, heideartiges
Gelände bis 1.000 m.

5 **Korsischer Heufalter**
Coenonympha corinna
Edelfalter
auf trockene, gebüschreiche
Stellen oder lichte Wälder sowie
Feldraine beschränkt

6 **Rotbindiger Samtfalter**
Arethusana arethusa
Edelfalter
Kann man an grasigen,
gebüschreichen Stellen und
Waldrändern beobachten.

1 **Spanischer Osterluzeifalter**
Zerynthia rumina
Ritterfalter
Diese wärmeliebende Art bevorzugt trockene, steinige Stellen mit Strauchbestand.

2 **Gelber Aurorafalter**
Anthocharis euphenoides
Weißlinge
fliegen in einer Generation an blütenreichen Stellen und in Waldlichtungen

3 **Erdbeerbaumfalter**
Charaxes jasius
Edelfalter
Die territorialen Falter fliegen in heißer, trockener, gebüschbestandener Landschaft.

4 **Schwarzer Satyr**
Satyrus actaea
Edelfalter
bewohnt in tieferen Lagen Stellen zwischen Felsen und Gebüschen mit einzelnen Bäumen

5 **Ziestfalter**
Carcharodus lavatherae
Dickkopffalter
Lebensraum sind trockene Grashänge mit Sträuchern oder heiße Felsschluchten.

6 **Nachtkerzenschwärmer**
Proserpinus proserpina
Schwärmer
lebt überwiegend in Tälern und Niederungen des Flach- und Hügellandes, bis 1.500 m

1. **Alexanor-Schwalbenschwanz**
   Papilio alexanor
   Ritterfalter
   fliegt vereinzelt auf heißen, trockenen und steilen Kalkhängen

2. **Mittelmeer-Zitronenfalter**
   Gonepteryx cleopatra
   Weißlinge
   in offenen gebüschreichen, oft felsigen Gebieten, überwiegend in der Nähe lichter Wälder

3. **Gelber C-Falter**
   Polygonia egea
   Edelfalter
   Lebensraum sind heiße, trockene und steile Felslagen; oft auch an Steinwällen in Dörfern.

4. **Mittelmeer-Waldportier**
   Hipparchia aristaeus
   Edelfalter
   fliegt von Juni bis August in einer Generation in trockenen Felslagen

5. **Roxelana-Bräunling**
   Kirinia roxelana
   Edelfalter
   oft zahlreiche Falter in der Dämmerung auf Steinen in trockenen Wasserläufen

6. **Balkan-Schachbrett**
   Melanargia larissa
   Edelfalter
   besucht gerne trockene, blütenreiche Stellen zwischen Sträuchern und Felsen in offenem Wald

1 **Balkan-Osterluzeifalter**
Zerynthia cerisy
Ritterfalter
bevorzugt an heißen, trockenen
Stellen zwischen dicht stehen-
den Sträuchern

2 **Falscher Apollo**
Archon apollinus
Ritterfalter
Lebensraum sind Olivenhaine,
Weinberge, felsige Stellen oder
offene Waldgebiete.

3 **Schwarzer Trauerfalter**
Neptis rivularis
Edelfalter
fliegt in einer Generation von
Ende Mai bis Anfang August in
lichtem Laubwald, bis 1.600 m

4 **Großer Feuerfalter**
Lycaena dispar
Bläulinge
treten in einer Generation von
Juni bis Juli in Mooren und
Feuchtwiesen auf

5 **Prächtiger Bläuling**
Polyommatus amanda
Bläulinge
besucht gerne warme, grasige,
oft feuchte Stellen mit vielen
Wickenarten

6 **Kroatischer Hummelschwärmer**
Hemaris croatica
Schwärmer
besiedelt sowohl küstennahe
Gebiete als auch die untere
Bergstufe und fliegt tagsüber

1 **Braunadern-Schachbrett**
Melanargia occitanica
Edelfalter
fliegt im Gebirge bis gegen
2.000 m in einer Generation
von Ende April bis Ende Juni

2 **Resedaweißling**
Pontia daplidice
Weißlinge
kommt in trockenen, heißen, stei-
nigen Bereichen vor, auch
an Straßenrändern

3 **Spanisches Ochsenauge**
Pyronia bathseba
Edelfalter
Lebensraum sind grasige,
gebüschreiche Stellen in lichtem Wald und in Höhen bis
2.000 m.

4 **Dunkler Heufalter**
Coenonympha dorus
Edelfalter
fliegt an trockenen, grasigen
und gebüschreichen Stellen, oft
auch in Waldlichtungen

5 **Wanderbläuling**
Lampides boeticus
Bläulinge
rund ums Mittelmeer verbreitet; meist in trockenen, blumenreichen Landschaften

6 **Linienschwärmer**
Hyles livornica
Schwärmer
fliegt in der frühen Dämmerung und im Morgengrauen,
z. T. auch am Tage bei Sonnenschein

REGISTER

218

Mit 238 Farbfotos von Angermayer/Pfletschinger (94, 129, 142, 173, 190), Czimmeck (40), Ewald (83, 95, 126), Groß (3, 39, 145, 172), Haupt (140), Hecker (51), Heidemann (85), Hinz (20, 70, 97, 100, 103, 113, 125, 163), Höfer (32, 44), Kretschmar (124, 128, 139, 150, 196, 216 Mitte), Marktanner (8 u., 23, 26, 29, 33, 42, 48, 54, 55, 56, 57, 58, 59, 60, 62, 63, 64, 68, 69, 77, 84, 87, 104, 106, 108, 112, 118, 119, 120, 121, 127, 132, 135, 136, 137, 141, 157, 159, 160, 161, 169, 176, 186, 187, 188, 192, 193, 197, 201, 202, 204, 205, 208 Mitte, 210 u., 214 u., 217 o., 217 Mitte), Müller (138, 151), Pforr E. (7 li.), Pforr M. (15, 43, 46, 76, 91, 99, 116, 154, 155, 156, 158, 165, 178, 185, 207 u., 215 Mitte), Rodenkirchen (71, 89, 215 o.), Willner O. (5, 6 o., 181), Willner W. (7 re., 8 o., 19, 38, 80, 96, 146, 148, 183, 194, 195, 199, 203), Zepf (4, 6 u., 13, 14, 16, 17, 18, 21, 22, 24, 25, 27, 28, 30, 31, 34, 35, 36, 37, 41, 45, 47, 49, 50, 52, 53, 61, 65, 66, 67, 72, 73, 74, 75, 78, 79, 81, 82, 86, 88, 90, 92, 93, 98, 101, 102, 105, 107, 109, 110, 111, 114, 115, 117, 122, 123, 130, 131, 133, 134, 143, 144, 147, 149, 152, 153, 162, 164, 166, 167, 168, 170, 171, 174, 175, 177, 179, 180, 182, 184, 189, 191, 198, 200, 206 (alle drei), 207 o., 207 Mitte, 208 o., 208 u., 209 (alle drei), 210 o., 210 Mitte, 211 (alle drei), 212 (alle drei), 213 (alle drei), 214 o., 214 Mitte, 215 u., 216 o., 216 u., 217 u.) sowie 4 Farbzeichnungen von M. Golte-Bechtle (S. 138, 139, 148, 151) und 196 Farbzeichnungen von G. Brehm (alle übrigen)

Auf dem Vorsatz und Nachsatz drei Farbzeichnungen von Gunnar Brehm.
Umschlaggestaltung von eStudio Calamar, Pau, unter Verwendung einer Aufnahme (Kleiner Ampferfeuerfalter) von Werner Zepf sowie einer Farbzeichnung (Raupe des Hornklee-Widderchens) von Gunnar Brehm.

Gedruckt auf chlorfrei gebleichtem Papier

Informationen senden wir Ihnen gerne zu

Bücher · Kalender · Spiele
Experimentierkästen · CDs · Videos
Natur · Garten & Zimmerpflanzen
Heimtiere · Pferde & Reiten
Astronomie · Angeln & Jagd
Eisenbahn & Nutzfahrzeuge
Kinder & Jugend

KOSMOS

Postfach 10 60 11
D-70049 Stuttgart
TELEFON +49 (0)711-2191-0
FAX +49 (0)711-2191-422
WEB www.kosmos.de
E-MAIL info@kosmos.de

2. Auflage
© 2000, 2003 Franckh-Kosmos Verlags-Gmbh & Co., Stuttgart
Alle Rechte vorbehalten
ISBN 3-440-09376-X
Lektorat: Bärbel Oftring, Dr. Sigrun Künkele
Grundlayout: eStudio Calamar
Produktion: Markus Schärtlein / Lilo Pabel
Satz: Hahn Medien, Kornwestheim
Druck und Bindung: Těšínská Tiskárna, a.s., Český Těšín
Printed in Czech Republic / Imprimé en République tchèque

Erlebnis Natur

Sicher erkennen und bestimmen

Insekten sind die bei weitem artenreichste Tierklasse. Dieses Buch hilft, einen umfassenden Einblick in diese ungemein vielfältige Tiergruppe zu bekommen. In einem zusätzlichen Abschnitt werden auch die wichtigsten heimischen Spinnentiere vorgestellt.

Heiko Bellmann
Der neue Kosmos-Insektenführer

447 Seiten,
1.454 Abb.,
broschiert

ISBN
3-440-07682-2

Dieser Schmetterlingsführer zeigt die Tagfalter Europas und Nordwestafrikas jeweils in Originalgröße. 440 Arten werden ausführlich beschrieben und in kunstvollen, naturgetreuen Farbzeichnungen abgebildet. Mit einfachem Bestimmungsschlüssel.

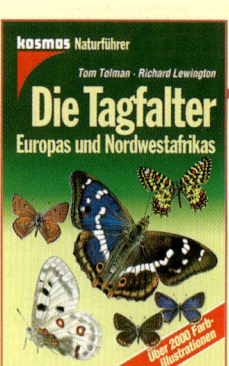

Toman/Lewington
Die Tagfalter Europas und Nordwestafrikas

536 Seiten,
über 2.000 Abb.,
429 Verbreitungskarten, gebunden

ISBN
3-440-07573-7